阅读推广人系列教材

图书馆
时尚阅读推广

丛书主编：王余光　霍瑞娟
本册主编：王　波
本册副主编：许　欢

图书在版编目 (CIP) 数据

图书馆时尚阅读推广 / 王波主编 .—北京：朝华出版社，2015.9
阅读推广人系列教材 / 王余光，霍瑞娟主编
ISBN 978-7-5054-3794-4

Ⅰ．①图… Ⅱ．①王… Ⅲ．①图书馆—读书活动—教材 Ⅳ．① G252.17

中国版本图书馆 CIP 数据核字 (2015) 第 219918 号

图书馆时尚阅读推广

主　　编	王　波
选题策划	张汉东
责任编辑	田玉晶
责任印制	张文东　陆竞赢
出版发行	朝华出版社
社　　址	北京市西城区百万庄大街 24 号　　邮政编码　100037
订购电话	（010）68995593　68996050
传　　真	（010）88415258（发行部）
联系版权	j-yn@163.com
网　　址	http://zhcb.cipg.org.cn
印　　刷	河北省三河市鑫利来印装有限公司
经　　销	全国新华书店
开　　本	710mm×1000mm　1/16　　字　　数　200 千字
印　　张	14.5
版　　次	2015 年 12 月第 1 版　　2015 年 12 月第 1 次印刷
装　　别	平
书　　号	ISBN 978-7-5054-3794-4
定　　价	39.80 元

版权所有　翻印必究·印装有误　负责调换

阅读推广人系列教材编委会

主　编　王余光　霍瑞娟

编　委　(按姓氏音序排列)

邓咏秋　霍瑞娟　金德政　李东来
李俊国　李世娟　李西宁　邱冠华
汪　茜　王　波　王丽丽　王　玮
王余光　王　媛　吴　晞　许　欢
张　岩　张　章　仲　岩

总 序

全民阅读、阅读推广，是立足中国文化、提高中华民族素质与竞争力的重要举措，近年来受到政府与社会的广泛关注。党的十八大报告在关于"扎实推进社会主义文化强国建设"的论述中明确表示要"开展全民阅读活动"。2014年和2015年李克强总理两度在《政府工作报告》中提及要"倡导全民阅读，建设书香社会"。

开展全民阅读活动是一项社会文化系统工程，需要集合全社会的力量推行。图书馆承担着传承社会文明、传播知识信息的重要职责，尤其在推动全民阅读、提高人民群众思想道德素质和科学文化素质，推动社会进步中发挥着重要作用。其实，图书馆界开展阅读推广工作由来已久，甚至可以说，提供阅读场所和读本的图书馆自诞生之时就以阅读推广为自身的天然使命。2006年，作为我国图书馆界及相关业界最有影响力的社会组织，中国图书馆学会成立了科普与阅读指导委员会，这标志着中国图书馆学会在推动全民阅读上有了专门的组织机构。2009年，科普与阅读指导委员会更名为阅读推广委员会，下设15个专业委员会。近年来，中国图书馆学会依托图书馆行业自身优势，联合社会力量，积极倡导全民阅读，指导和推动全国图书馆界开展阅读推广活动，加强阅读文化和阅读服务的研究，集聚了一批从事全民阅读与阅读推广研究和教育培训等方面的专家，形成了开展阅读推广活动的长效机制。

图书馆员是图书馆阅读推广活动的策划者、组织者和实施者，其相关能力直接影响着图书馆阅读推广活动的成果与实效。图书馆阅读推广活动的开展离不开高素质的"阅读推广人"。为了更加规范有效地开展阅读推广活动，进而从根本上促进我国全民阅读事业的发展，中国图书馆学会于2014年底在江苏常熟举办的全民阅读推广峰会上，正式启动了"阅读推广人"培育行动，计划通过未来几年的努力培育一大批专业的"阅读推广人"。通过培育行动，将有更多职业的"阅读推广人"在图书馆、学校以及更广阔的空间里发挥更大的作用，为推进全民阅读工作和书香社会建设做出更大的贡献。

为了配合"阅读推广人"培育行动的开展，中国图书馆学会组织编写了"阅读推广人"培育行动系列教材，目前先期出版六种。希望这套教材的出版能对"阅读推广人"的培育和图书馆界及相关业界阅读推广工作的开展有所助益。由于编者水平有限及出版时间仓促，书中错误之处在所难免，敬请同行及读者指正。

中国图书馆学会理事长、国家图书馆馆长：韩永进

目 录

总 序

导 论 图书馆时尚阅读推广概述
第一节 何谓"阅读推广" / 1
第二节 何谓"图书馆阅读推广" / 3
第三节 何谓"图书馆时尚阅读推广"及如何学习相关案例 / 8

第一讲 "密室逃生"阅读推广
第一节 活动的缘起 / 16
第二节 活动的筹备 / 19
第三节 活动的主要环节与流程 / 23
第四节 活动对图书馆阅读推广的影响 / 28
第五节 活动的效果评估 / 29
第六节 活动的启示 / 30

第二讲 "鲜悦"(Living Library)：以人为书，分享智慧
第一节 "鲜悦"的起源及背景介绍 / 34
第二节 "鲜悦"的运行机构和机制 / 35
第三节 "鲜悦"的活动流程及特点 / 37
第四节 "鲜悦"的推广成效及未来发展 / 45

第三讲 阅读·融入生活——杭州图书馆"阅读疗愈"项目
第一节 缘起 / 54

第二节　项目组织和实施 / 55

第三节　困难与局限 / 58

第四节　启示与发展 / 59

第四讲　"一校一书"阅读推广

第一节　"一校一书"的创意来源 / 66

第二节　主题的选择与诠释 / 67

第三节　活动的整体组织与实施 / 68

第四节　推广路径设计 / 76

第五节　推广网站设计 / 79

第六节　学校阅读推广活动的设计 / 80

第七节　绩效评价 / 83

第八节　几个需要深入研究的问题 / 84

第五讲　摄影展和年度好书推荐相结合的阅读推广

第一节　回顾：从创意到实施的活动始末 / 88

第二节　总结：评估活动的成败得失 / 93

第三节　启示：创意为先，实效为王 / 98

第六讲　读书·阅人——"真人图书馆"阅读推广

第一节　国内"真人图书馆"概述 / 101

第二节　浙江师范大学"真人图书馆" / 103

第七讲　"书脸"阅读推广

第一节　何谓"书脸"阅读推广 / 117

第二节　图书馆"书脸"阅读推广创意缘起 / 118

第三节　"书脸"阅读推广的实施 / 119

第四节　结语 / 127

第八讲　读书达人秀

第一节　读书达人秀活动背景 / 130

第二节　读书达人秀活动过程 / 131

第三节　读书达人秀活动组织实施中的经验 / 138

第四节　读书达人秀活动效果 / 140

第五节　启示 / 143

第九讲　香氛、手作书籍与时尚阅读

第一节　品香：了解自然　关注人生 / 148

第二节　手作书：知识的再生，艺术的创造 / 153

第三节　新型阅读空间：让舒适、轻松无处不在 / 157

第四节　对公共图书馆阅读推广的启示 / 160

第十讲　书模表演——视听文化相结合的阅读推广

第一节　书模表演的背景 / 170

第二节　书模表演的策划与推出 / 171

第三节　打造品牌 / 174

第四节　活动效应 / 179

第五节　活动启示 / 180

第十一讲　以书为媒，读去心病——泰山医学院的阅读疗法实践与进展

第一节　阅读疗法概述 / 183

第二节　泰山医学院阅读疗法实证研究进展 / 185

第三节　以《生命的重建》为例展示如何研制对症"书方" / 189

第四节　由"单方"向系列"书方"延伸 / 193

第十二讲　让身心灵书籍做你的保健医生

　　第一节　综述 / 199

　　第二节　阅读身心灵类书籍 / 203

　　第三节　总结与启示 / 216

后　记

导 论

图书馆时尚阅读推广概述

王 波[*]

第一节 何谓"阅读推广"

"阅读推广"一词来源于英文的"Reading Promotion","Promotion"除可翻译为"推广"外,还有"促进、提升"的意思,所以也有人将"Reading Promotion"翻译为阅读促进。

联合国教科文组织1995年确定每年的4月23日为"世界图书与版权日"(World Book and Copyright Day),1997年又发起"全民阅读"(Reading for All)活动。此后"Reading Promotion"一词常见于联合国教科文组织、美国国会图书馆、国际图书馆协会联合会、美国国家艺术基金会的"大阅读"项目等倡导全民阅读的组织、机构的网站和工作报告。但是在英语世界,无论是机构网站、工作报告、期刊论文还是维基百科,都没有赋予"Reading Promotion"一个学术性的定义;人们普遍认为"Reading Promotion"是一个意思清楚的词语,无须做具体的定义。

国际上发出全民阅读的倡议之后,我国迅速响应,顺理成章地借用了"Reading Promotion"这个概念,通常将其翻译为"阅读推广";于是乎,自1997年以来,"阅读推广"逐渐成为国内图书馆界、出版界的一个常用词、高频词。

---

[*] 王波,《大学图书馆学报》副主编,副研究馆员,著有《阅读疗法》《快乐的软图书馆学》《可爱的图书馆学》《图书馆学及其左邻右舍》等书。

按照字面理解，"阅读推广"无非就是为推动全民阅读的实现而开展的所有引导阅读、激励阅读的活动的统称。据笔者所见，迄今为止，图书馆界整合各家见解，最郑重、最周全地给"阅读推广"下定义的是张怀涛先生。他在收集、分析十余位学者的观点的基础上，给"阅读推广"下的定义是："'阅读推广'顾名思义就是推广阅读。简言之就是社会组织或个人为促进人们阅读而开展的相关活动，也就是将有益于个人和社会的阅读活动推而广之；详言之就是社会组织或个人，为促进阅读这一人类独有的活动，采用相应的途径和方式，扩展阅读的作用范围，增强阅读的影响力度，使人们更有意愿、更有条件参与阅读的文化活动和事业。"[1]

笔者基本赞同张怀涛先生的定义，在此基础上将"阅读推广"的定义重新概括表述如下：**阅读推广，就是为了推动人人阅读，以提高人类文化素质、提升各民族软实力、加快各国富强和民族振兴的进程为战略目标，而由各国的机构和个人开展的旨在培养民众的阅读兴趣、阅读习惯，提高民众的阅读质量、阅读能力、阅读效果的活动。**

这个定义首先是一个国际化的定义，因为它提到了"各民族""各国"，如果将这里的"各民族""各国"替换成"中华民族""中国"，那么就变成了"中国阅读推广"的定义。而且，这里用了"人人阅读"而不用"全民阅读"，因为"全民"指的是"全体人民"，是一个政治概念，并不能覆盖所有人。相比起来，"人人阅读"更符合"Reading for All"的本意。其次，这个定义强调了阅读推广的目的，交代了其国际背景是响应"人人阅读"的倡导，国内背景是各国希望借此提升国家和民族的竞争力。其三，这个定义中的五个关于阅读的概念不是随意罗列的，它们之间具有逻辑上的先后关系。

培养阅读兴趣，解决的是阅读的动力问题，是其他阅读活动的前提；一个人只有培养起了阅读兴趣，才可能终生具有阅读饥饿感，对阅读充满激情。

培养阅读习惯，解决的是阅读的惯性、持久性问题；一个人只有养成阅读习惯，才会把阅读作为一种生活方式，像对待空气和水一样，须臾不可与之分离。

---

[1] 张怀涛. 阅读推广的概念与实施 [J]. 河南图书馆学刊，2015（1）：2.

这种生活方式和工作方式的结合，正如李克强总理所说的，将会变成一种强大的创新力量和道德力量。

提高阅读质量，解决的是阅读的内容和品位问题；人生有涯，而知识无涯，以有涯人生面对无涯知识，只能择善而读，所以读书需要挑选，读书需要引导。一切关于好书的出版、推荐、导读工作，都是为了提高人们的阅读质量。

提高阅读能力，解决的是阅读的方法和技巧问题，也就是解决阅读的效率问题。不管是一目十行读书法、对角线读书法，还是蚕吃桑叶读书法、不求甚解读书法，等等，都各有优点，要把各种各样的加快阅读效率的方法教给读者。

提高阅读效果，解决的是阅读的理解水平问题，即阅读的消化、吸收问题。阅读的最终目的是吸收读物的内容，实现阅读目标。阅读推广服务于所有的正当的阅读目的，不管是功利阅读还是休闲阅读，都不应该是阅读推广歧视或嘲讽的对象，阅读推广活动应该帮助各种怀揣正当阅读目标的读者实现其理想。

阅读兴趣、阅读习惯、阅读质量、阅读能力、阅读效果这五个概念，在阅读推广活动中具有最大的通约性，规约了阅读推广的内涵和外延，一切阅读推广活动都是围绕着这五个范畴来开展的。

第二节 何谓"图书馆阅读推广"

在阅读推广的大潮中，图书馆因为是体系成熟、布点广泛、资源富集、专业化程度高的文化基础设施，所以自然而然地成为阅读推广的一支核心力量。但是因为图书馆的阅读推广和新闻、出版、广播、电视行业的阅读推广又有所不同，所以图书馆界常用的一个词是"图书馆阅读推广"。

那么什么是"图书馆阅读推广"呢？与人们对"阅读推广"这个词的感觉一样，一般图书馆员多认为这个词的含义简单明晰，无须做专门解释，故而在期刊论文和专业辞典中，都找不到该词的学术定义。不过以范并思教授为代表的少数专家认为，忽视对"阅读推广""图书馆阅读推广"这类常用词语的专业含义的思考和探求，正是图书馆员们缺乏理论自觉的表现。概念是理论的根基，如果不追问基本概念的准确内涵和外延，何以建立能够概括实践和引导实践的阅读推广理论？没有成熟的阅读推广理论，阅读推广活动就容易长期停留在盲目、杂乱的阶段，难以走上有序、长效、可持续发展的科学轨道。

但是，因为"图书馆阅读推广"与图书馆的诸多活动，如图书馆宣传、图书馆营销、图书馆书目推荐、图书馆展览等活动盘根错节，要想剔枝摘叶、勘边划界，对"图书馆阅读推广"下一个毫无争议的定义，也是一个难度很大的挑战。所以，即如范并思教授，意识到了为"图书馆阅读推广"下定义的重要性，发表了相关论文，表现出了指出这个问题的勇气，却也迟迟没有断然为"图书馆阅读推广"下一个定义。①

然而，基于理论构建的责任感、使命感，也有专家尝试探讨"图书馆阅读推广"的定义。比如，于良芝教授认为："根据图书馆界从事阅读推广的经验，它主要指以培养一般阅读习惯或特定阅读兴趣为目标而开展的图书宣传推介或读者活动。"② "'培养阅读习惯或兴趣'这一目标决定阅读推广试图影响的通常是休闲阅读行为，即与工作或学习任务无关的阅读行为。这是因为与工作或学习任务相关的阅读，其目标是解决工作或学习中的问题，它既然主要受任务驱动，便不易受阅读推广的影响。"③

正如一句老话：创始者难为功。上述定义虽有启发作用，却没有赢得广泛认同，尤其是定义之后的进一步解释，认为"阅读推广试图影响的通常是休闲阅读行为，即与工作或学习任务无关的阅读行为"。——这个观点很难得到高校图书馆和大中型公共图书馆人士的服膺。因为对于高校图书馆而言，它是为高校的人才培养、科学研究、社会服务和文化传承与创新服务的，满足师生的教学、科研和文化的传承与创造是其主业，满足师生的休闲消遣只是其副业。如果"图书馆阅读推广"真的局限于上述定义界定的范围，那就显然不符合高校

---

① 范并思.阅读推广与图书馆学：基础理论问题分析[J].中国图书馆学报，2014（5）：4-13.
② 于良芝.图书馆阅读推广：循证图书馆学的典型领域[J].国家图书馆学刊，2014（6）：9.
③ 于良芝.图书馆阅读推广：循证图书馆学的典型领域[J].国家图书馆学刊，2014（6）：9.

图书馆的办馆目标，背离了其建设宗旨。同样，大中型公共图书馆也有为地方教学科研和大众创业、万众创新等服务的使命，阅读推广仅影响读者的休闲阅读行为——不足以概括其功能。

而且，就高校图书馆已经举办过的阅读推广活动案例而言，上述定义也不足以概括全貌。如北京大学图书馆在2014年11月13日至12月31日举办了"化蛹成蝶——馆藏北大优博论文成书展"，将1999年至2013年作为教育部《面向21世纪教育振兴行动计划》的重要组成部分而评选的每年全国100篇优秀博士论文（简称"优博论文"）中，来自北京大学的98篇挑选出来，然后一一按照篇名和作者对照馆藏，发现有18篇人文社会科学领域的优秀博士论文已经化蛹成蝶，变成了名牌大社出版的优秀学术著作。继而，北大图书馆将这18本书的封面和原论文封面对照展示，附以作者信息、内容简介及丛书的序言和豆瓣网上摘录的同行专家、读者的精彩点评，向同学们推荐。

这次阅读推广起到了三个方面的重要作用。一是帮助学校社会科学部不但弄清楚了北京大学获得全国优秀博士论文的总体数量和学科分布，而且弄清楚了哪些优秀博士论文已经正式出版及其学科分布，因而此次展览得到了北大社会科学部的支持，是图书馆与社会科学部联合推出的。二是时间选定在下半年，正是硕士和博士研究生开题的阶段，优秀博士论文成书展使研究生们的选题和论证得到了很大启发。三是优秀博士论文之所以优秀，之所以能够很快正式出版，在于其做到了选题得当、论证严谨、结论重要、格式完备、恪守规范等，比同年的绝大多数博士论文更胜一筹，也是此后的研究生撰写学位论文应该借鉴和参考的范例。推荐优秀博士论文，等于为研究生们撰写学位论文树立了榜样和高标。这次展览的内容，因为离本科生的学习生活比较远，加上优秀博士论文通常研究的是填补空白的冷僻领域，格调显得阳春白雪，所以并没有引起大量本科生的热情关注，和以往主推新书、以休闲内容为主的阅读推广活动的效果反差较大。但是北京大学图书馆认为，作为高校图书馆必须兼顾各类学生的需求，兼顾各项职能的落实，必须将畅销新书、休闲类书籍的阅读推广和严肃的学术类书籍、教学类书籍的阅读推广相融进行或交替进行，阅读推广不能只看读者参与人数和社会反响程度，还要看与高校图书馆的任务和宗旨的切合度。

故而，在馆藏北大优博论文成书展之外，北京大学还打出"组合拳"，多方位开展面向教学、科研的阅读推广活动，比如：请辛德勇教授做读书讲座，带领学生们探讨雕版印刷的起源；推出纪念新文化运动100周年图片和文献实物展览；与北京大学新青年网络文化工作室和北京大学出版社合作，开展以"新青年·享阅读"为主题的学术著作领读活动，每月一期，从各个院系遴选和邀请名师领读，已有社会学系的邱泽奇教授领读《信息简史》，历史系的张帆教授领读《资治通鉴》，经济学院的平新乔教授领读《思考，快与慢》，政府管理学院的燕继荣教授领读《社会资本与国家治理》等。

综上所述，可见图书馆阅读推广不限于影响读者的休闲阅读，于良芝教授给出的阅读推广的定义的确有失偏颇。

那么究竟怎么给"图书馆阅读推广"下定义呢？笔者作为北京大学图书馆阅读推广团队的顾问，2012年以来参与了北京大学图书馆的阅读推广工作，结合这几年的工作体验，我认为在于良芝教授的《图书馆阅读推广——循证图书馆学的典型领域》一文中，有一句话更值得重视，那就是："凡是能够将读者的注意力从海量馆藏引导到小范围的有吸引力的图书的推广方式，都有可能提高图书的流通量。"[1]这句话是于教授介绍的美国图书馆专家在研究阅读推广案例后所得出的重要结论之一。据此结论，可以反向推导出"图书馆阅读推广"的定义，即：**图书馆阅读推广，是指图书馆通过精心创意、策划，将读者的注意力从海量馆藏引导到小范围的有吸引力的馆藏，以提高馆藏的流通量和利用率的活动。**

这个定义，首先规定了图书馆阅读推广的关键要素是"创意""策划"。这是近些年所有参与图书馆阅读推广活动的同行的同感，大家普遍认识到：阅读推广和以前的图书馆新书推荐等活动的最大区别，就是其活动的创意性，不管是成立跨部门团队还是成立新部门，大家都感觉这个团队、这个部门很像公司里的广告设计和创意部门；所开展的阅读推广活动，只要创意到位了，就等于成功了一大半，创意是阅读推广的前提。所以图书馆的行业组织也特别重视阅读推广的创新，

---

[1] 于良芝. 图书馆阅读推广：循证图书馆学的典型领域 [J]. 国家图书馆学刊，2014（6）：15.

教育部高等学校图书情报工作指导委员会正在组织全国高校图书馆的首届阅读推广创意大赛，分省、分行政大区的决赛已经结束，2015年9月份将在武汉进行总决赛；同期在苏州举办的"出版界图书馆界全民阅读（2015）年会"也将阅读推广案例大赛作为重头戏。

其次，这个定义说明图书馆阅读推广的本质是"聚焦"，就是将读者的注意力从海量馆藏引导到小范围的有吸引力的馆藏，凡是锁定一小部分有吸引力的馆藏进行宣传推荐的，都属于图书馆阅读推广。至于推荐哪部分有吸引力的馆藏，可以配合学校的教学科研和学科建设来选择，也可以通过读者调查来选择，还可以根据馆员的猜想和推理来选择；新书推荐、好书推荐、优秀博士论文成书推荐等，都是吸引读者关注馆藏中的有吸引力的一小部分。至于哪些馆藏算有"吸引力"，则很大程度上依赖图书馆员挑选的独特角度和文案的巧妙宣传。国外曾有图书馆只是把封面颜色一样的书挑出来，比如把红色、黄色、绿色封面的书按颜色集中在一面书架上，放在显眼位置推荐给读者。深圳职业技术学院图书馆把从来没有借阅过的书挑选出来，以"谁都没有借过的书"为主题搞展览，激发起读者的挑战欲望，提高了这批书的借阅率。清华大学图书馆每月根据重大历史纪念日和重要时事，挑选相关馆藏，在显著位置推出"专题书架"，大大方便了读者了解历史和现实，受到师生称赞。这些活动皆是按"舍大取小"的原理推介部分馆藏，所以都在阅读推广的范畴。

第三，图书馆阅读推广与其他行业的阅读推广的最大区别，是其阅读推广的直接目的是提高馆藏的流通量和利用率，这个直接目的达到后，才能间接发挥培养读者的阅读兴趣、阅读习惯以及提高读者的阅读质量、阅读能力、阅读效果的作用。报刊、电视、网络可以推广全国出版社出版的任何一本书，图书馆却不能如此，它必须推荐自己的馆藏。如果它想推荐一批年度新书的话，在推荐之前首先要检查本馆的目录，把没有采购的新书尽快补齐，或者边推广边补充，否则本馆推荐的书自己都没有收藏，读者如何利用？对图书馆而言，岂不是自我矛盾、欺骗读者？！

掌握了以上三点，就很容易判断图书馆阅读推广的边界，很容易将图书馆阅读推广与图书馆的其他活动区别开来。比如，新书推荐是引导读者聚焦小范围有吸引力的馆藏的活动，如果其形式新颖，就算图书馆阅读推广；图书馆阅读推广都属于图书馆宣传，但是如果图书馆的一项活动只是整体上宣传图书馆的历史、建筑、馆藏，不聚焦于某部分馆藏，那么就只能算是图书馆宣传，而不能算是图书馆阅读推广；图书馆开展的展览活动，如果展览的目的是吸引读者利用展览涉及的馆藏，那么这项展览就算是图书馆阅读推广，倘若展览涉及的文献在本馆大多数没有收藏，或者展览的内容和本馆馆藏无关，那么这项展览就不能称为图书馆阅读推广；图书馆开展的信息素质教育，其目的是引导读者面向全部馆藏检索到自己需要的最精确的文献，指向的是唯一的馆藏或知识单元，而不是小范围的馆藏，指向的不一定是有吸引力的馆藏而是最有用的馆藏，教育的目的是提高检索能力而不是阅读能力，所以也不能称之为阅读推广。

总之，图书馆阅读推广主要靠富有创意的形式提高读者的阅读兴趣，靠优良的空间和氛围帮助读者养成阅读习惯，靠科学的馆藏发展政策保障读者的阅读质量，靠以海量馆藏带来的压迫感和信息素养教育帮助读者提高阅读能力，靠组织有序、体系完备的馆藏提升读者的阅读效果。

第三节 何谓"图书馆时尚阅读推广"及如何学习相关案例

前面提到图书馆阅读推广的一个核心要素就是"创意"，应该说所有的图书馆阅读推广都有一定的创新性，只不过创新有大有小，有的在整个行业范围属于创新，有的在本地区、本校属于创新，如果没有一丁点儿创新，那么这样的阅读推广还有何必要？

在整个图书馆行业范围内算得上创新的阅读推广活动可以称为"图书馆时尚阅读推广"。此处的"时尚阅读推广"，不是指推广含有服饰、珠宝、化妆、汽车、家具、休闲、旅游、体育、明星、艺术、烟酒、名表、数码产品等内容的书籍，而是指阅读推广形式的时尚性，也可以说是创新性。

"时尚"二字有两层含义，"时"的意思是时新，"尚"的意思是受到推崇。笔者和许欢受中国图书馆学会委托主编的《阅读推广人系列教材》之《图书馆时尚阅读推广》分册中收集的案例都有这两个特点，既是近几年出现的新案例，也都产生了比较广泛的影响，形成了良好的口碑。

那么如何正确地认识和学习该书中的案例呢？笔者提出下述建议以供参考。

一、要把培养创意敏感度和创新观念放在第一位

时尚具有流动性和易变性，照抄照搬的可行性十分有限，比如北京大学图书馆在 2014 年开展的仿照西洋名画拍摄读书图的阅读推广活动，借助微信、微博，很多北京大学之外的大学生也都看到了，别的大学如果再原样模仿就失去了新意，读者未必喜欢。但是形成时尚的内在逻辑却是稳定的、可以复制的，也就是说这种以摄影展助推新书推广的方法是可借鉴的、可持续的，关键是找到更新的创意。果然第二年，2015 年，北京大学图书馆又推出了"书脸"这种摄影展加书目展的形式，再次受到欢迎，引起轰动。

推广这些时尚案例，不是提倡让"阅读推广人"直接照搬，而是希望让他们通过学习、讨论、思考这些案例，形成一种可以自己创造时尚的意识。只有这种创造时尚的意识形成了，才能提高创意的敏感度，处处留心，无论是逛街、逛书店、逛图书馆，光顾商场、餐厅、咖啡馆、家具城，看电视、看剧场演出等，都能及时发现生活中到处可见的广告创意、包装创意、节目创意、橱窗创意、装饰创意，举一反三，将这些创意结合到本职工作中，创造出新的时尚的阅读推广方式。

二、要认识到创新不是大馆的专利

在物质和生活方式方面，时尚的确具有阶层划分、身份识别的功能，从古至今，总有人打着时尚的名义，通过摆阔式休闲、奢侈性消费，将自己与社会大众相区别。比如微博上常见一些富二代通过晒豪车、游艇、泳池、美女、宠

物豹、宠物狮、天价数码产品等来显示自己家财万贯、异于凡人。

但是《图书馆时尚阅读推广》没有这些功能，收入书中的案例虽然来自大馆、名馆的居多，但目的不是为名馆的自我夸耀创造秀场，也有不少案例是来自普通图书馆的，即便是来自大馆的案例，也都是靠创意取胜，而不是靠投入胜出，其方案执行起来甚至更为节约和方便，用的是"四两拨千斤"的巧劲。这就启发我们的阅读推广人，大馆名馆的阅读推广做得好，并不是因为其经费多、条件好，关键要靠创意。只要我们多动脑筋，在创新上下足功夫，普通图书馆也能创造让读者和业界认可的经典的阅读推广案例。

三、要认识到时尚是可反的，有时反时尚也会变成时尚

比如在生活方式方面，自古至今，大多数情况下人们以奢侈享乐为时尚，但是进入 21 世纪后，随着能源短缺、环境污染，人类共同面对生存危机，个人主义逐渐让位于集体主义，摆阔心理逐渐让位于社会责任，特权阶层的奢侈享乐时尚逐渐让位于中产阶级和普通大众的休闲娱乐时尚和绿色低碳时尚，这就是时尚的反转。[①]同样，服饰和妆容的时尚，也经常表现为遵循着一个规律性的周期在不断轮回，比如喇叭裤在一些年成为时尚，在一些年变得落伍，过一些年又重回时尚之列。

图书馆阅读推广的案例与此类同，今日感觉时尚的阅读推广案例，因为它已经呈现过，实际上正在悄悄地退出时尚。比如北京大学图书馆的"书脸"阅读推广活动，如果换个图书馆再来一次，除非该馆的读者与世隔绝，丝毫不知道这种形式，否则就很难达到在北京大学开展时的效果。

时尚的这种自反性，要求阅读推广人在学习这些案例时，与其抱着追时尚的心态，不如抱着反时尚的心态，时尚靠追很难追上，反时尚则能创造新时尚。案例中的"真人图书馆"实际上就是反时尚的结果，当所有图书馆都在想方设法推广静态的书的时候，北欧的图书馆反向思维，发现推广"活的书"——真人的效果也不错，于是创造了"真人图书馆"这种时尚的阅读推广方式，迅速

---

① 张昆，陈雅莉.时尚传播与社会发展：问题和反思[J].新华文摘，2015（12）：155.

风靡全世界的图书馆。浙江师范大学图书馆在开展"真人图书馆"活动时，又对其进行了反时尚加工，将每个真人的头像照片做成了书的封面的形式，放在书架上，使真人在形式上又回归了"静态的书"，提高了这项活动的图书馆属性。阅读推广人如果能够按照以反时尚的方法创造时尚的思路学习这些案例，会提高得更快。

四、要学习如何创造独特的社区体验、校园体验

自1995年联合国教科文组织将每年的4月23日确定为"世界图书与版权日"、我国将其简称为"世界读书日"之后，这一天就成了阅读文化和图书馆文化的"时空压缩机"，各个图书馆都想方设法在这一天集中展示图书馆文化，开展阅读推广。尤其是2009年中国图书馆学会阅读推广委员会成立以来，阅读推广之风劲吹图书馆界，很多图书馆都把在"世界读书日"及其前后的阅读推广活动办成了本地区、本校的品牌活动，成为当地读者独特的社区体验、校园体验，熔化为他们生活记忆的一部分。一些保留性项目，如果第二年不再呈现，甚至会造成某些读者的不习惯，令他们产生失望情绪。

当然，创新也会惯坏读者，如果一个图书馆在某一年推出了一项非常有创意的阅读推广活动，成为当地的文化时尚，那么第二年，如果图书馆拿不出一项和去年具有同样水准的阅读推广活动，也会让读者失望，读者刚刚建立起来的独特的图书馆体验就可能消失。所以，对创新和时尚的追求必须是连续的，这个要求对阅读推广人是一种压力，但阅读推广人必须承受、必须坚持，坚持久了，连续创新就会变成一种常态，也就不像最初那么难了。一个图书馆如果能够连年推出时尚的阅读推广案例，那么它就会成为一个地区的文化创新中心，给读者带来难以磨灭的独特体验，充分彰显自身的价值。

大家都知道，在时装的时尚方面，国际时装周是一个"时空压缩机"，通过时装周这个仪式，全球顶尖的时装时尚在这一周得到充分释放和传播。在四大国际时装周中，尤以伦敦时装周对城市的调和作用最大。伦敦是一个传统、保守的城市，建筑古老，遍地绅士，其金融中心的地位也有下降趋势；但是由于

伦敦时装周等时尚活动所释放的强大的现代活力，对这个城市的气息进行了有力调和，使伦敦的城市形象既传统又不失灵动，获得了广泛的社会号召力和文化话语权，从而持续成为文化地理上绝对的中心城市之一。

图书馆阅读推广人也应该树立雄心，通过阅读推广活动，把本馆办成"世界读书日"及其前后本地区阅读文化、图书馆文化方面的"时装周"，把图书馆变成创意中心，通过规律性、仪式性的传播，使阅读推广活动成为社区、校园读者的特殊体验，化入记忆，形成期待，使读者在持续体验和潜移默化中爱上阅读、爱上图书馆。

五、要把创造和传播图书馆阅读推广的中国经验作为理想

时尚具有文化赋权的能力，善于创造时尚是文化软实力的体现。比如，因为持续创办享誉全球的国际时装周，巴黎、伦敦、纽约、米兰牢牢掌握着时装方面的时尚霸权。好莱坞则掌握着电影方面的时尚霸权。韩国近些年则凭借影视、歌舞等逆袭全球，鼓荡起"韩流"，在亚洲乃至全球制造了庞大的"哈韩"族，迅速提高了韩国的文化软实力，提升了韩国的文化美誉度和文化话语权。时尚和国家形象、国民印象、国家品牌、国家文化等都有关联性，创造时尚、传播时尚，就是为国家的文化强盛做贡献[1]。

在图书馆阅读推广领域也是如此，美国的"大阅读"项目，创造了"一书一城"这种经典的阅读推广形式，不仅风行全美，也流传到了欧洲、亚洲，近年也为我国的图书馆界所借鉴。我国文化界的人大代表、政协委员也一再呼吁效仿美国所创办的"国家图书节""全美读书日"。这可以称之为图书馆阅读推广领域的"美流"，是美国强大的文化软实力在图书馆领域的体现。丹麦和瑞典创造的"真人图书馆"这种阅读推广形式，亦被全世界的很多图书馆所借鉴，可以称之为图书馆阅读推广领域的"欧流"，从一个侧面让我们领教了欧洲的文化软实力。在《图书馆时尚阅读推广》所介绍的案例中，"阅读疗法""一校一书""书脸""真人图书馆""香氛""手作书"等几乎所有形式，差不多都借鉴自欧美的图书馆，

---

[1] 张昆，陈雅莉.时尚传播与社会发展：问题和反思[J].新华文摘，2015（12）：156.

这不能不使我们感到惭愧。

中国的图书馆阅读推广人应该认识到这个问题，不拘泥于学习这些案例，而要有超越这些案例、创造真正属于中国图书馆界自己的经典的阅读推广形式的气魄，并有能力在活动之后讲好这些图书馆阅读推广领域的"中国故事""中国经验"，将其推行到全世界的图书馆，让图书馆阅读推广领域的"中国风"吹遍寰宇，为提高中国文化的美誉度和软实力做出力所能及的贡献。

第一讲

"密室逃生"阅读推广

赵 飞　刘素清　李晓东　游 越　艾春艳*

【导读语】

　　一名初出茅庐的侦探，追随着暗藏在图书馆各个角落中的线索，不断破解层层迷雾，一步步找出教授失踪事件的真相……这不是一部探案小说，而是图书馆为大家带来的一次全新互动体验活动！紧张悬疑的情节、充满知识性的谜题，这些都是如何策划和实施的？活动又是如何与图书馆相结合，吸引大家走进图书馆、走近阅读的？本讲将为你详述图书馆"密室逃生"活动的始末。

　　阅读，是人类获取信息、认识世界、发展思维、获得审美体验的重要途径之一。然而随着网络技术与移动设备的快速发展，以及信息获取环境、技术、观念的转变，阅读受到了多方面的影响和冲击，面临着诸多发展困境和挑战。2007年9月美国发布的"读还是不读"（To Read or Not To Read）报告就指出，美国人读书的时间越来越少，其中青少年是读书最少的人群；[1] 而第十次全国国民阅读调查结果显示，我国国民综合阅读率也呈现下降的趋势。[2] 这使得包括我国在内的世界很多国家纷纷倡导全民阅读的理念，通过举办多种多样的阅读推广活动来扩大影响，引导人们关注与参与阅读。

　　高校图书馆作为高等教育机构的学术信息与文化集散地，责无旁贷地成为

---

* 赵飞，北京大学图书馆数字资源推广与高级咨询馆员，国家精品视频公开课《数字图书馆资源检索与利用》主讲人之一。

[1] 王翠萍，宋志强，张艳婷. 国外阅读活动现状及启示 [J]. 图书馆学研究，2009（9）：77–80.

[2] 息慧娇. "第十次全国国民阅读调查"成果发布 [EB/OL]. [2015-04-09]. http://cips.chinapublish.com.cn/kybm/cbyjs/cgzs/201304/t20130419_140027.html.

阅读推广的重要阵地。[①]作为汇集了古今中外各领域学术文献与资料的集大成者，高校图书馆拥有最富有思想和活力的读者群体，在书目推荐、展板展览等传统阅读推广活动形式之外，还应该不断探索如何依托自身的资源与环境优势，设计和实践更多更具互动性和创新性的阅读推广活动，利用更加新颖和时尚的形式来提升活动的吸引力和参与感，从而让阅读真正走进师生的心中。

北京大学图书馆作为一所综合性大学的图书馆，一直关注阅读推广活动的发展，并致力于阅读推广与图书馆宣传推广活动的创新与实践。特别是最近几年，北京大学图书馆不断加强与学生社团的合作，相继推出了多个颇受学生好评的阅读推广活动，其中之一便是2013年11月举办的图书馆"密室逃生"活动。该活动具有极强的参与感与互动性，吸引了大量师生的关注和参与，通过科技与人文紧密结合的剧情和谜题，在引导学生跨学科阅读及拓展学生思维方式与知识综合利用技巧方面产生了非常好的效果。

第一节　活动的缘起

一、静态展示向动态参与的转变

一说起阅读推广活动，可能首先被人们想到的便是各种主题、各种形式的书目推荐活动，以及相对应的展览与讲座。书目推荐和展览通常围绕某一主题，由专家、学者或图书馆员为学生和读者遴选出契合主题且内容精彩的书籍，形成书目清单、展览海报推送给读者。这类活动方式具有目标明确、效果直观、适用范围广泛等优点，并且举办的复杂度和难度不高，因而得到了相当广泛的应用和推广，发展得较为成熟，几乎每个图书馆都举办过这种类型的阅读推广活动。

然而随着时代的发展，图书馆在书目推荐和展览活动的组织和举办过程中渐渐感受到现有活动形式的一些局限和问题：一是这种静态展示的活动形式，

[①] 张建静. 高校图书馆阅读推广研究综述 [J]. 图书情报工作，2014（S2）：120-125.

在信息源如此丰富的今天,很难使读者的目光在展览和书单上驻足更长的时间,其内容所能给读者留下的印象也就愈发有限;二是推荐书单和展览的主题相对单一,通常是以人文社科类书籍为主(因为人文社科类书籍的吸引力最强)、以某类书目排行或是名人推荐为契机来为读者进行推荐,而理工科技、文理结合、课程学习或是与生活相结合方面的书目推荐则相对较难(要么书单难成体系,要么毫无吸引力);三是由于网络书店、论坛、社交网站各主题书目推荐活动越来越丰富,书目更新越来越频繁,图书馆设计的主题和书单与之相比越来越难以体现出优势。

因而,高校图书馆的阅读推广活动要想寻求突破,就需要思考如何充分利用自身实体用户多的优势,设计、策划更具参与感和互动性的实体活动或线上线下相结合的活动,让阅读推荐内容不再被动地等待读者的目光,而是利用更加丰富的媒体手段与更加多样的互动形式,更为主动地"走"到读者当中去。但面对年轻的大学生群体,图书馆员即便再年轻也无法完全跟上一代又一代学生快速变化的信息获取习惯与阅读流行趋势,最了解其兴趣点和阅读需求所在的人其实还是学生自身。所以,让学生参与到活动的设计与策划当中,跟随学生的潮流打造阅读推广活动,便顺理成章、势在必行地成为一种发展方向。

二、图书馆、学生社团与 IEEE 的三方协作

吸引学生加入到图书馆阅读推广活动的策划与组织当中来,方式通常有以下两种。一是通过招募的方式进行,以志愿者或是有偿模式向全校学生征集有意愿、有想法的同学参与图书馆的活动策划工作。其优点是面向范围广、随时可以进行;其缺点是招募具有一定的盲目性,合作比较零散、不够稳定。二是与学生社团合作,通过与各类型学生社团结成合作团体,利用学生社团自身的兴趣与技能优势,为图书馆的阅读推广活动增添助力。其优点是合作关系较为稳定、人力相对集中;不足之处在于合作关系的寻找具有随机性,需要图书馆耐心寻找和等待。

北京大学图书馆在与学生社团的合作方面进行了较多的尝试，其中就包括与北京大学青年摄影协会合作举办的"书读花间人博雅"阅读摄影展活动，取得了较好的效果。此外，北京大学图书馆还进一步与IEEE（电气和电子工程师协会）合作实施了UPP项目（IEEE-北京大学UPP项目是IEEE与北京大学图书馆、IEEE北京大学学生分会合作的一个校园公益项目，致力于共同携手提升青年一代的综合信息素质，传播科普知识，同时为学生创造充分的展示空间，锻炼其组织和领导能力），尝试通过建立图书馆、学生社团、IEEE三方良性互动合作关系的方式进一步推进阅读推广活动的创新和发展。"密室逃生"活动便是在此基础之上，由北京大学图书馆、IEEE北京大学学生分会、北京大学信息科学技术学院研究生会与IEEE共同策划、举办的一次读者活动。

三、"密室逃生"游戏的风靡

　　北京大学图书馆与IEEE北京大学学生分会前两年共同举办的活动主要以展览和讲座为主，虽然内容很精彩也收到了应有的效果，但同学们仍感觉活动的互动性和参与感较低。因此，图书馆与IEEE北京大学学生分会在探讨新一年的活动策划方案时，便希望能够结合图书馆的空间与馆藏，举办一场更具参与感的真人互动活动，通过临场的感官效果来提升活动的吸引力和宣传效果，活动的具体形式由学生社团提议，定为年轻人中较为流行的"密室逃生"游戏。

　　密室逃生（又叫密室逃脱，Room Escape）是一种解谜类游戏，一般需要玩游戏者在游戏中寻找线索，一步一步地走出密室。这类游戏原先出现在电脑和网络上，整个游戏过程是在一间间房子里进行的，游戏的主人公由于种种离奇的原因被困在密室里面，需要通过破解各种谜题来逐步揭开事件的原委并逃离密室。该类型游戏一经推出便深受世界各地网友的喜爱。而真人密室逃生更是打破了电脑游戏的局限和束缚，在原有基础上增加了真实体验元素，并特别强调了团队的合作，要求玩家在规定的时间内通过自己的双眼和双手，经过逻辑思考和观察，不断地发现线索和提示，层层解谜，最终完成任务，走出密室。最早的真人密室逃生源于美国，2006年硅谷的一群系统程序师，根据阿加莎·克里斯蒂的小说灵感，设计了一系列的场景，并把它们还原到了现实中，提供给所有员工进行冒险解谜，将之命名为"origin"。由于难度过高，至今只有23人逃脱成功，因此这个密室成为硅谷的一个景点。而如今，真人密室逃生已经风靡全球，英国、新加坡、日本、美国等国家和我国澳门、香港等地区均有不同密室开设。

"密室逃生"游戏的整个过程充满了未知性和不确定性，紧张的场景氛围让参与者能够真正地融入到故事背景中去，这是在线和虚拟活动所无法提供的乐趣，因而其也成为取代"天黑请闭眼""三国杀"等聚会游戏的新时尚游戏。而将这种时尚的参与性实体活动与承载知识的图书馆相结合，无疑是一个大胆而又让人充满期待的尝试。活动最终能否激起学生们积极参与的兴趣？将会在学生中产生怎样的阅读推广效果呢？这些都是图书馆与学生社团组成的策划团队所关心的。

第二节 活动的筹备

一、活动的设计

有别于以往的图书馆寻宝活动、图书馆搜索大赛等图书馆实体活动，图书馆"密室逃生"活动除了需要一个好的主题和活动流程设计，还有更高的要求，其活动策划中最为重要也是最为特别的一点，便是对剧情设计的要求达到了空前的高度。如果没有一个好的故事和人物设定背景作为支撑，那么再有意思和挑战的谜题也无法很好地串联起来，更无法吸引参与者不断地去探寻和挑战；而一个出色的剧本，不仅能够自然地串联起整个活动的流程和谜题，也能起到引人入胜的吸引作用，同时还能引领参与者主动了解和学习更多的知识与文化内容。编写剧本这项极富挑战性和成就感的工作最终由 IEEE 北京大学学生分会和信息科学技术学院研究生会的部分同学共同完成，他们在很短的时间内便完成了长达几万字的故事剧本，其中不仅包含两个分支剧情，还有大量书信、录音、影像等扩展信息，用以进一步提升剧情的丰满和完整程度。整个剧情流程堪比一部悬疑小说，其不仅具有科学技术相关背景，同时也兼具感人至深的曲折故事，通过情节的展开，两个剧情分支带给大家的不仅仅是对人物与故事的品读，更是对于科技与人生的思考。

此外，另一项重要的设计工作便是流程和谜题的设计，这部分工作由图书馆员提供所需的参考资料和图书馆空间介绍，帮助学生完成各项谜题的编制。谜题形式主要是由文字、图片、影音片段等信息构成的谜面，以及可通过综合分析这些信息进行破解的密码锁箱或得出的下一线索所在位置等谜底构成。图书馆员需要指导学生在流程和谜题的设计当中，巧妙融入更多学术资源介绍、图书馆资源利用知识、信息检索技巧以及科技与文化知识，让参与活动的同学们在谜题探索过程中既能体验到游戏的乐趣，又能接触到之前未曾了解的学术资源，拓展阅读的兴趣点，领略信息检索与分析的实际应用。

图1-1 道具之一——密码锁

二、场景的布置

场景的选择与布置同样是真人"密室逃生"活动中的精髓所在，成功的场景布置不仅能够起到配合剧情、烘托氛围的作用，还能成为谜题线索的一部分，成为剧情和相关信息的载体。

第一讲 "密室逃生"阅读推广

图书馆作为书籍的海洋、知识的殿堂，向来以庄严和肃穆的形象出现在人们的脑海之中。这一充满未知和信息的静谧空间，与探索未知谜题的"密室逃生"活动相碰撞，恰恰可以迸发出新奇的火光，为"密室逃生"的参与者带去别具一格的新鲜体验。然而，图书馆毕竟是一个设计成熟、利用充分的学习场所，如何利用图书馆的现有布局和有限的可改造空间构建谜题和密室，是图书馆员需要解决的难题。

北京大学图书馆作为拥有百年历史的高校图书馆，经过多次的迁址、改造、扩建，目前拥有十余个阅览室和包括多媒体学习中心、视听欣赏区、数字设备体验区、电子资源检索区、多媒体研讨室、预约研究厢在内的多类型学习空间，有些专业阅览室和空间服务，很多同学直到毕业离校都还从来没有使用过，非常需要宣传和介绍。因此，在活动的场景布置方面，北京大学图书馆一是考虑做到动静分离，尽量让"密室逃生"活动的主要活动场景不影响其他在馆内学习的读者，如将活动安排在入馆读者数量相对较少的周末进行，将密室布置在研究厢与周末不对外服务的专业阅览室内进行，将关卡间与解密时的行进线路设计在读者相对较少的通道和区域；二是方便谜题的布置以及空间与谜题的配合，这主要是通过与学生社团的沟通与协调，根据其密室与各关卡谜题的设计想法，挑选大小、布局和所包含数据文献或设备较为适合的阅览室或空间资源；三是考虑实现图书馆资源与空间服务利用的宣传，将图书馆多类型的专业阅览室和空间服务作为场景和谜题的载体融入到活动的解谜过程当中，既为剧情提供必要的信息，也为解谜的同学提供扩展的阅读和学习信息。方案确定后，最终场景、各关卡谜题的摆放与细节布置由学生团队完成。

图1-2 研究厢改造而成的密室之一

三、人员的协调与安排

图书馆、IEEE和学生社团三方以团队合作的模式来完成整个"密室逃生"活动的策划、准备与举办工作。其中，图书馆方面主要通过部门主任与学科馆员组成的5~6人小组参与到整个活动的组织筹备工作当中，在策划与设计阶段是以小组的形式，通过集体智慧完成策划工作；而在组织和举办阶段，则分为摄影摄像、秩序维持、活动支持等不同工作，安排相应人力。

四、秩序与安全的维护预案

图书馆"密室逃生"活动是一个参与性与互动性较强的实体活动，因而很有可能出现参与者相对集中、相互拥挤、激烈讨论甚至情绪激动等影响图书馆正常环境秩序与安全的情况，所以预先制订相应维持图书馆安全与秩序的措施与预案就成为不可忽略的重点工作。

为此，图书馆不仅安排馆员全程参与活动，负责图书馆各相关部门的协调工作、维持活动秩序和处理应急情况，而且联系图书馆安保负责部门，告知活动的主要流程和可能的人员聚集区域，协调安排安保人员随时关注和协助维持秩序。此外，还与学生社团充分沟通，做好参与者的入场数量限制和关卡间衔接环节的人员引流工作。同时，学生社团也进行了细致的安排，包括：公布详细的入场流程规则；做好排队同学的引导与安抚工作；在各关卡和谜题所在区域张贴带有活动标识的提示，提醒参与者注意保持安静和秩序；在活动的各关卡所在区域入口处安排活动的引导人员，提示注意事项和下一步活动进行流程，并控制进入人数和维持排队秩序等；在活动结束后，及时安排清场和场景复原工作。

第三节 活动的主要环节与流程

一、活动的宣传与报名

"沉寂的雨夜,雨滴沿帽檐滴落。黑色的大衣,沉重的皮箱,半遮脸的宽帽。男子一脸凝重,步履蹒跚地湮没在无际的夜幕里。"

"著名教授的离奇失踪立即引发了轩然大波。一天,身在侦探事务所的你突然收到一封神秘的委托书,委托人自称是失踪教授的儿子,欲言又止的话语,似乎隐藏着不可告人的秘密。一切又一切的线索指引着你来到图书馆。站在大门下,一股神秘的气息迎来,你拉了拉衣襟,深吸了一口气,匆匆地走了进去……"

活动的宣传以一段悬疑故事的开篇作为引子,浓厚的神秘氛围将读者吸引到图书馆的门前,而活动的报名地点正是图书馆的东门入口处。活动宣传文字除了有报名时间、地点外,还提示同学们尽量组队参加(不多于三人),利用团队的智慧和力量来迎接各种难解的谜题,并规定最先通过所有关卡(某一支线)谜题的前十组参赛队伍将获得一至三等奖(一等奖一组,二等奖三组,三等奖六组)。除了海报、宣传页、学校网站BBS等传统宣传方式外,活动还通过微博与人人网等社交媒体,面向学生读者群体进行宣传介绍。

二、活动的主要关卡流程

本次图书馆"密室逃生"活动共分为三个大关,前两关为开放式谜题,可以多组同学同时进行且不限时,而通过前两大关的同学可以最终进入由读者研究厢改造的密室来挑战最后一关,每个密室同一时间只能有一个小组进入并且每次尝试限时60分钟,如在时限内未能完成,需重新排队进入,其余小组则需在外排队等候替补进入。

第一关以"神秘委托"为主题,主要在图书馆一层大厅进行。活动工作人员为每组入场队伍提供一封委托书,不仅可以渲染氛围、烘托剧情,同时也给参与者一些后续任务的提示。本环节共包含三个谜题,分别利用图书馆的空间装饰与实体图片的对应、暗藏字母的小诗及包含数字密码的时钟图案来构成题目,吸引参与同学更加留意天天路过而又未曾注意的图书馆角落,以及其所蕴藏的文化信息,让大家逐渐进入挑战状态。

图1-3 第一关解谜掠影

第二关以"电影之码"为主题,将图书馆的多媒体资源与电子资源融入到关卡的谜题设计当中。参与者需要通过聆听一段录音来获知下一流程的信息,并会被提示引领至多媒体学习中心。多媒体学习中心中不仅收藏有各类型的音频、视频学术资料,还拥有海量的电影资源,而墙上张贴的各种电影与人物海报则成为破解谜题的关键线索,与活动所布置照片相对应,共同组成一个隐藏了一组邮箱密码的谜题。参与者在得到相应密码后,便可以利用多媒体学习中心和电子资源检索区的电脑进入该邮箱,并下载一

图1-4 第二关解谜掠影

段活动策划团队录制的实验室教学视频片段。最终，参与者需要仔细观察和分析视频中反复出现的时间信息和隐藏在视频画面中的联系方式，并通过发送指定短信的形式来完成这一环节的挑战。

最终的第三关则由两个平行的分支剧情组成。参与者在完成前两个环节的挑战之后，需要在进入第三关前先进行分支剧情的选择，选择白色信封将会进入思考科技与人性的感情支线，而选择棕色信封则会进入解开先前剧情中教授失踪之谜的探秘支线。每条支线都将有各自不同的四个环节，解谜场景则涉及过刊阅览室、自然科学开架阅览区以及六个由研究厢改造成的密室。随着剧情的深入，谜题也越发复杂和多样，并与解谜过程中得到的大量书信与日记串联在一起。其中不仅包含了利用台历的行列排列抑或通过纸牌暗藏的凯撒编码寻找书架中的特定书籍，并通过透字模板寻找隐藏在书籍中的密码信息这类紧紧围绕书籍设计的谜题；还包含了综合星座、地理与人文等多方面知识才能准确找到答案这类围绕信息素养设计的谜题，以考验参与者的知识广度与信息搜索能力；同时还有很多包含了光学、化学等科技知识，考查参与者逻辑与思维能力的谜题。最终每个支线剧情都会为挑战者安排逐步升级的三个密室，里面不仅包含丰富多彩的谜题，同时场景布置也都力求营造真实的氛围，并利用玩具手铐、眼罩、幕布、灯光等道具烘托活动的代入感。

图 1–5　第三关解谜掠影

三、关卡间的引导与成绩的计算

由于图书馆是一个较大的场所，因而图书馆密室逃生活动相对于社会上商业开发的密室场景来说，能够实现更为灵活、多样和开阔的布局设计，当然这同样也会带来活动涉及区域较多，且分布相对分散的问题。因此，不同关卡间引导流程的策划就显得至关重要，其一方面直接影响整个故事情节发展的连续性，另一方面也直接关系到是否能够有效控制关卡间的参与人员流动，以及维持图书馆正常的阅读环境。

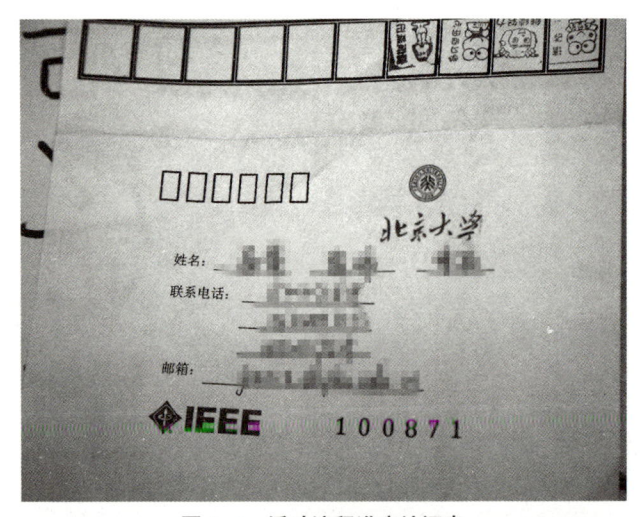

图1-6 活动流程进度认证表

为此，本次活动在关卡间引导工作方面进行了较为周密的策划和布置。首先，活动为每组参与队伍发放一页流程进度认证表，每一个关卡甚至每一个环节的完成都需要由活动工作人员进行确认盖章后，才能进入下一环节，这样不仅能够及时获悉整体参与者的完成进度和各关卡进行人数，便于根据实际情况控制参与人员流量和排队长度，同时也有利于给予参与者充分的提示和引导，避免参与人群向其他非活动区域移动。其次，活动在每一个关卡场景及密室入口前都安排了引导人员，在解答参与者疑问、引导参与者正确进行活动流程外，也负责维持所在区域的秩序。此外，活动在情节发展和解谜流程的设计上，也充分考虑引导方面的作用，通过关卡间相对较为明确的剧情提示，引导参与队伍快速定位和找到下一环节所在区域。

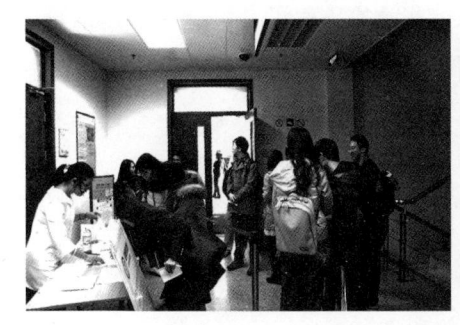

图 1-7、图 1-8　关卡间的引导安排由专人负责

此外，参与队伍成绩的计算是否合理和公平，也同样决定了活动的最终成败。而借助于上述发放的流程进度认证表，活动工作人员便能够方便地记录本次活动每支参与队伍完成各个环节的时间与尝试次数，从而可以公平地为各参与队伍统计通关进度和用时，并最终计算排名和获奖名次。本次活动的最终排名和获奖名单得到了所有参与队伍的认可，但由于本次活动存在两个不同的分支剧情，因此存在不同路线的谜题难度有一定差别的问题，这也是今后成绩计算方面需要注意和改进的地方之一。

四、活动的收尾与颁奖

活动结束前除了尽快计算参与队伍的成绩并及时公布获奖名单之外，还有两项重要的工作：尽快复原图书馆内活动涉及区域与安排活动的颁奖事宜。本次图书馆"密室逃生"活动在周末举行，历时两天，图书馆员与学生组成的工作团队在第二天活动结束后便立即开始复

图 1-9　由著名作家叶永烈先生为本次活动的获奖同学颁奖

原工作，并在周一正式开馆前完成了所有活动涉及区域的复原工作。而本次活动的颁奖仪式，则选择在北京大学图书馆非常有人气的北大读书讲座活动中举行，并由主讲嘉宾叶永烈先生为获奖同学颁奖，同时现场还播放了由图书馆员与学生共同录制编辑的活动花絮视频，从而向更多的读者和学生宣传和介绍此次活动。

第四节 活动对图书馆阅读推广的影响

一、与图书馆资源服务宣传的无缝对接

此次图书馆"密室逃生"活动，无论是场景的选择，还是剧情与谜题的设计，都巧妙地融入了各种图书馆元素，让学生在参与活动的过程中，潜移默化地了解、熟悉很多之前尚未接触甚至是从未知晓的图书馆资源与服务，为其在校期间的学习与科研工作提供了帮助，也为其以后的阅读拓展了视野和来源。

二、科技与人文类书籍的交叉式推荐

本次图书馆"密室逃生"活动另一个突出的特点便是内容丰富多彩、文理兼通。活动的设计，不仅能够让理科学生在科技知识与逻辑思维之外感受到文学与文化知识的魅力，吸引其阅读更多相关或相似的文学作品，同时也能够让文科学生接触到科技的奇妙与有趣，赋予其阅读更多科普和科技类书籍的动力。

三、活动的参与感拉近了图书馆与读者的距离

加入"密室逃生"这一在年轻人当中非常流行的时尚游戏元素，让图书馆的形象在学生心中变得年轻起来。无论是参与活动策划与组织的学生社团，还是参与活动的老师、学生，都能通过活动的举办感受到图书馆其实就在他们身边，

图书馆随时关注他们的想法和需求，而非一个冷冰冰的书库。图书馆也希望通过类似的活动吸引更多读者走进图书馆、关注图书馆，逐步拉近与读者的距离，从而使图书馆的学术信息推送和阅读推荐工作更具效果，并最终引导读者走近阅读。

第五节　活动的效果评估

一、读者参与情况

图书馆"密室逃生"活动于 2014 年 11 月 16—17 日两天在北京大学图书馆进行。两天时间内，共有 700 多名师生报名参加活动，参与活动同学的专业涵盖了人文、社科、理工、医学等多个方向，另外也有不少青年教师参与其中。同时，也有许多同学反映，两天的时间太短、没能参与进来，强烈希望图书馆能够再办一次"密室逃生"活动。

而在微博、人人网等学生较为关注的社交媒体平台上，图书馆"密室逃生"活动也得到了很多同学的关注和大量的好评，同时学校网站 BBS 还掀起了关于剧情和谜题的持续讨论。

二、获奖情况

北京大学图书馆举办的图书馆"密室逃生"活动作为图书馆服务创新案例（《当图书馆遇上"密室逃生"——北大读者参与图书馆服务设计撷英》），参加了 2014 年由教育部高等学校图书情报工作指导委员会读者服务创新与推广工作组主办的首届高校图书馆服务创新案例大赛，并获得一等奖。

三、不足之处

本次图书馆"密室逃生"活动虽然得到了参与师生与同行的认可和好评，

但仍然存在一些不足和有待改进之处。例如：活动的报名只限于现场报名，因而无法预估各个时段的到场人数，导致排队现象较为严重，既浪费参与同学的时间，也影响活动的参与感受；此外，活动的谜题难度分布不均，导致大量参与者停留在第一关，而未能体验后续的剧情和谜题；还有便是两个分支剧情谜题的难度存在较大差异，导致最终通关成绩的公平性存在一定问题。因此，图书馆再举办"密室逃生"活动时，还应该增加网络报名环节、均衡各关卡难度、各支线单独设立奖项等方式，对活动进行改进和完善。

第六节 活动的启示

一、实体活动不可替代

与快速发展的网上书店、在线书城、论坛与社交媒体等网络平台相比，图书馆作为一个实体的存在，其在阅读推广活动中的优势在于：能够从容组织、举办实体宣传活动或是线上线下相结合的宣传活动，让参与者能够有各种现场感官体验。因此，图书馆在不断重视和加强在线平台阅读推广活动的同时，一定不能忽视和放弃实体宣传推广活动的延续和创新。

二、参与感与吸引力成正比

无论是线上还是线下的阅读推广活动，最终活动的参与感都将很大程度上决定活动对读者的吸引力及最终的活动效果。所以，图书馆在组织各类型阅读推广活动时，必须从活动举办形式、活动举办时间、活动参与难度、活动的互动性与趣味性、面向群体的习惯与特点等多方面进行考虑，努力提升读者在活动中的参与感。

三、契合读者需求的活动，其设计离不开读者的参与

需求即是动力，如果希望所举办的阅读推广活动能够得到读者的积极响应和参与，达到良好的宣传推广效果，就要求活动的主题和内容形式尽可能契合所面向读者群体的需求。而最了解读者需求的正是读者自身，所以吸引读者参与到活动的设计与策划工作当中来，便成为图书馆最好的选择。这样做不仅能够让图书馆阅读推广活动的形式和内容更加贴近读者的兴趣与需求，同时也能拉近读者与图书馆间的距离，为图书馆今后各项活动的展开奠定良好的基础。

四、利用更加符合潮流的活动，为图书馆塑造的新形象

时代在快速发展，图书馆的形象也不应是一成不变的"老成持重"，而应具有丰富性。特别是面向一代又一代青年读者群体的高校图书馆，更应该利用符合潮流而又不失文雅的时尚活动，为图书馆塑造同样年轻和充满活力的形象，从而让图书馆能够更加自然地走近学生，为图书馆未来的阅读推广活动创造更为有利的条件。

思考题

1. 对于图书馆而言，通过组织参与性活动开展阅读推广工作的优势与劣势都有哪些？
2. 在参与性互动活动当中，图书馆可以通过哪些方式嵌入图书馆和阅读元素？
3. 图书馆在组织参与性阅读推广活动时应该如何做好不同环节间的引导工作？
4. 图书馆在组织参与性阅读推广活动时应该如何平衡活跃活动气氛和维持安静环境二者之间的关系？
5. 你认为还有哪些流行的真人游戏与活动能够与图书馆阅读推广相结合？

延伸阅读书目

[1] 赵俊玲，郭腊梅，杨绍志.阅读推广：理念·方法·案例[M].北京：国家

图书馆出版社，2013.

[2] 李东来. 书香社会[M]. 北京：北京图书馆出版社，2008.

[3] 郝振省，陈威. 中国阅读：全民阅读蓝皮书[M]. 北京：中国书籍出版社，2009.

[4] 陈鹏. 图书馆阅读推广营销手段探析[J]. 图书馆工作与研究，2015（1）：109-112.

[5] 周樱格. 日本图书馆阅读推广动向研究：案例分析与启迪[J]. 新世纪图书馆，2013（5）：23-26.

第二讲

"鲜悦"（Living Library）：以人为书，分享智慧

徐 炜　陈晶晶　李 武[*]

【导读语】

　　如果你还在纠结传统图书馆没有好书可借，那就来鲜悦（Living Library）真人图书馆吧！这里的每一本"书"都是鲜活的人，他们可能与你有相似的生活经历，也可能有你不曾有过的生命体验。当一个人成为一本"书"，他的人生经历就是书中内容，与"牛人"进行面对面的交流互动，收获精彩和激励，敞开心扉，享受"悦读"的快乐吧！

Living Library 最早源于 2000 年的丹麦，由"停止暴力"（Stop The Violence）组织创办，它将"人"作为可借阅的"图书"，读"书"的方式就是"交谈"，以此来使人们在日常生活中克服偏见、鼓励对话、消除误解。Living Library 已在丹麦、匈牙利、挪威、澳大利亚、意大利、美国、加拿大、英国、日本等世界各地多个国家开展，大部分活动设在公共图书馆或其他教育机构，大众参与程度越来越高，参与面也越来越广。上海交通大学图书馆在 Living Library 的创新服务方面进行了一系列有益的探索，所创立的"鲜悦"已成为图书馆阅读推广工作中的一项特色品牌活动。

---

* 徐炜，上海交通大学图书馆综合流通部副主任。

第一节 "鲜悦"的起源及背景介绍

一、"鲜悦"的起源

在2008年数字图书馆高级研讨班上，曾蕾等海外图书馆专家建议研讨班专门开设"Living Library 环节"进行图书馆主题沙龙活动。这次活动为参会代表提供"借阅"专家答疑解惑、探讨交流的机会。参会代表普遍认为这次Living Library活动很有新意，通过与专家直接交流的方式获益匪浅。

可以说，这次活动是Living Library在国内图书馆界的首次探索，对该服务理念的普及起到了很好的推广作用。之后，Living Library活动得到了国内图书馆的重视。其中，最早开展该服务的是上海交通大学图书馆，自首期活动于2009年3月举行以来，逐渐成为该馆一项重要的品牌活动。"鲜悦"是上海交通大学图书馆赋予Living Library的中文名称（2009年10月）。在我们看来，"鲜悦"是一种以人为"书"的全新图书馆借阅服务模式，读者直接从被当作书的人的大脑中获取"鲜活"的知识或专门技能，在愉悦的环境中完成阅读式知识传播，在互动的过程中享受"悦读"的快乐。"鲜悦"提倡"沟通、分享、交流、启迪"，活动理念是"以人为书，分享智慧"，目标是"交大薪火，传承你我"。截至2015年4月18日，"鲜悦"共开展46期活动，馆藏"图书"71本。

二、"鲜悦"是图书馆阅读推广工作的重要组成部分

阅读推广是当前图书馆需要拓展的一项服务，而阅读推广的工作内容不应局限于传统阅读，而应是融数字阅读、真人阅读等新型阅读方式于一体的立体阅读，让不喜欢阅读的人喜欢阅读，让不会阅读的人学会阅读，让阅读有困难的人跨越阅读的障碍。因此有必要构建一个阅读推广活动的大平台，长期有效地推进这项工作。

上海交通大学图书馆高度重视阅读推广工作，继2008年主馆落成及IC^2创新服务体系推出后，以"点亮阅读、启迪人文、弘扬文化"为主旨，系统推出了全面助推校园文化建设的IC^2人文拓展计划，持续开展"阅读,让校园更美丽"等一系列主题活动。图书馆希望用不同方式，从不同视角，弘扬大学精神，推

进校园文化建设，提升校园人文素养，力图使文化氛围萦绕于校园的每一寸土地，使文化素养浸透每一个交大人的心灵。

"鲜悦"是 IC² 人文拓展计划的主要活动品牌，也是国内图书馆在 Living Library 方面从概念走向实践的重要一步。一方面，"鲜悦"为读者提供了开放式的阅读学习和自主交流环境，营造了读者与"书"面对面交流的机会，提供了更加具有亲和力和人性化的借阅服务。另一方面，这一真人阅读方式的创新，使人的知识、经验与阅历的分享、传承有了新的渠道，也使图书馆在传统纸质和电子资源之外拥有了一种新型的馆藏资源。

第二节 "鲜悦"的运行机构和机制

"鲜悦"由图书馆学生管理委员会（学管会）作为主办方，负责活动的具体组织、策划、执行与评估。图书馆扮演搭建平台的角色，图书馆各部门均不同程度参与活动，负责协调内部工作和加强外部合作。

一、学管会：学生组织挑大梁

学管会从内部的管理实践部、调研宣传部、企划外联部、网络管理部等部门抽调精兵强将，成立"鲜悦"项目组，由会长担任组长，各部门部长担任副组长。图书馆读者服务总部为学管会及项目组配备指导老师，由分管 IC² 人文拓展计划的馆领导担任顾问。

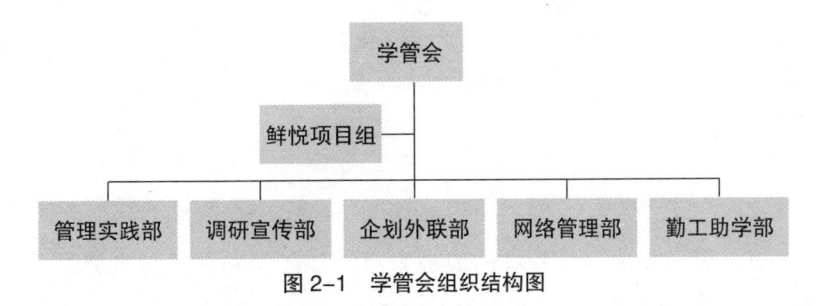

图 2-1 学管会组织结构图

"鲜悦"项目组成员均为志愿者性质，在每期活动的策划、联络、宣传、会务等各环节都有明确分工，将流程标准化，并设专人进行总体协调，在面向全校的活动 Logo 征集大赛及主页改版过程中都发挥着巨大的作用。由学管会自主建立的活动主页（http://living.lib.sjtu.edu.cn/）功能丰富，界面清新友好，现有新书上架、"鲜悦"书库、读者指南、预约窗口、留言簿、读者专区等功能模块，具备活动管理、预约、tag 添加、标签云、分享等系统功能，为活动的顺利进行提供了有力的技术支撑和高效的网络平台。

图 2-2 "鲜悦"Logo

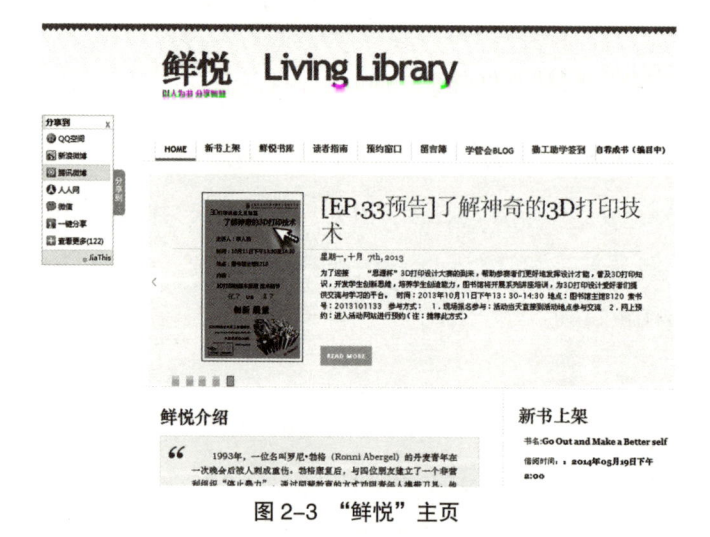

图 2-3 "鲜悦"主页

学管会作为主办方，一方面，可以提高学生组织参与图书馆服务的热情与主人翁意识；另一方面，学管会的成员来自学校各院系，自身也是读者，在与真人图书及读者接触时有一种天然的亲切感，有利于活动的推广。

二、图书馆：搭建平台好唱戏

"鲜悦"不仅是一项品牌活动，更是一个充满活力的平台，上海交通大学图书馆协调、整合内外部资源，重点打造和维护这一平台。读者服务总部对"鲜悦"活动进行具体的业务指导，总部下设各学科部所开展的活动，与"鲜悦"有常规化的合作，例如工学部举办的信息专员创新交流沙龙、专利学堂等，在活动的互动、分享环节与"鲜悦"对接，活动效果得到明显提升。此外，技术服务总部在网站建设、宣传材料制作、活动摄影摄像等方面提供技术支撑，行政管理总部在活动宣传、场地资源等方面提供有力保障。

图书馆与校宣传部、学生处、团委、心理咨询中心、电子信息与电气工程学院、机械与动力工程学院、安泰经济与管理学院、凯原法学院、人文学院、媒体与设计学院、上海市文史研究馆、闵行区图书馆和曦潮书店等校内外单位建立了长期合作关系，联合开展活动。学管会与校学联、学业分享中心、南洋通讯社、秋水书社、书法篆刻协会和华师大友轶工作室等校内外学生组织建立了友好关系，这些学生组织各有特色，为"鲜悦"的发展做出了巨大贡献。

第三节 "鲜悦"的活动流程及特点

通过前期的探索和总结，"鲜悦"已经形成自身的标准化流程，在活动的每个阶段都有独具匠心的考虑和安排。

一、荐书阶段

（一）"真人图书"的产生

1. "真人图书"的来源

主要有两种，一是由师生读者、图书馆馆员、"鲜悦"项目组成员或合作单位推荐，二是真人"图书"与"鲜悦"项目组联系，自我推荐成"书"。产生的备选"书目"由"鲜悦"项目组负责召集读者代表进行集体研讨，初步确定活动主题及选用"图书"，并完成相应的活动策划。

2. 严把质量关

"鲜悦"项目组在确定备选主题和"书"后，将活动策划方案提交项目顾问和指导老师审核。审核人员首先研究策划的合理性、可行性，其次梳理活动流程及细节，明确任务分工和时间节点，确定责任人，保障各项筹备工作有序进行。

（二）真人图书的选择标准

1. 选"书"视角独特

"鲜悦"充分发掘校内资源，邀请上海交通大学校内特色人物成为"书"，同时将视野拓宽到全社会，倾听读者心声，贴近读者学习与生活，不单一追求"书"的知名度与影响力，对"书"的身份、地域、专业没有限制，而是聚焦于"书"的独特性与其乐于分享的态度，且所有的"书"不收取任何报酬，保证了活动的公益性。

第7期活动邀请到一名哈佛商学院中国籍毕业生作为"馆际互借"的一本"书"，与读者分享从乡村学校到哈佛商学院的独特经历，而"书"自身也有强烈的意愿与读者沟通，现场气氛非常融洽。第10期活动，《士兵突击》"高连长"张国强相约交大，由校学联的一名同学热心推荐并联系，活动取得圆满成功。第20期活动，"真人图书"为上海交通大学媒体与设计学院的一名青年教师，曾作为读者参加过第16期活动，有感于新颖的活动形式，主动与"鲜悦"项目组取得联系，希望自己也能成为一本可借阅的"书"，与读者进行"生长于国境之间——第三文化小孩之心路历程"主题的交流。

第二讲 "鲜悦"（Living Library）：以人为书，分享智慧

图2-4　第7期活动，哈佛商学院馆际互借的真人"图书"

2. 主题贴近读者需求

阅读推广工作的一项基本要求是提供合适的阅读内容，要求有贴近读者需求的主题，这也符合图书馆"读者第一，服务至上"的基本服务理念。"鲜悦"围绕国家、学校当前重要事项、社会热点以及大学生涯发展规律，设有出国留学、外语学习、思想道德与人生导航、校园生活、社交技巧、考研指导、考试与论文、艺术人文、面试就业与创业、馆藏利用等十大类主题。每期活动会预先设定一个交流主题，但不局限于该主题，"真人图书"和读者可以在自愿的前提下适当延展。

第3期活动，正值大三同学个人发展的重要选择期，"鲜悦"为有考研意愿但又缺乏经验的他们请来航空航天学院研一考研高分得主分享备考过程中的心得体会。第15期活动，针对入校新生在利用图书馆资源方面的需求，图书馆综合流通部主任为新生答疑解惑。在国家鼓励创新创业的背景下，第22期和第29期活动，分别邀请交大校友——"饿了么"订餐网站和欢校网创始人讲述创业的苦与乐。第40期，上海交通大学党委书记姜斯宪应邀来到"鲜悦"活动现场，以学长、老师的身份，与交大学生围绕"大学教育与青年成长""时代特点与青年使命""民族复兴与青年抉择"等内容，与150多位学生骨干共话大学生活和成长成才。第46期活动，熊光楷上将做客"鲜悦"，以"藏书·记事·忆人"及"签名节目单收藏之旅"为题，与交大学子分享读书、藏书的意义和乐趣，共话人生的艺术。

有了读者关注的活动主题和喜爱的"真人图书""悦读"成为可能，"鲜悦"

致力于让每位读者都能够有机会和真人"图书"进行一次平等、自由、面对面、深层次的交流，读者可以多角度、全方位地去了解一本"书"，同时通过思想火花的碰撞，"书"在这个过程中也可得到更多灵感和信息。

二、宣传阶段

"鲜悦"在宣传推广方面突出特色、注重策略，充分利用实体和网络两个平台，将活动理念用易读的文字、生动的图片呈现在读者面前。每期活动前，会在校内信息发布屏滚动播放活动简介和通知、馆内放置海报、食堂发放传单、宿舍楼张贴海报；同时会在图书馆主页、"鲜悦"活动主页、BBS、微博、微信、同去网等网络渠道发布信息。

针对不同主题，宣传的侧重点有所不同。例如第1期活动，其中一本"真人图书"是一名已拿到美国密西根州立大学和伊利诺伊大学香槟分校全额奖学金录取通知的大四学生，主题是本学期的热点话题——出国留学，在宣传时将目标读者锁定为大三、大四有这方面实际需求的学生，将资源向这一群体倾斜，活动产生的效果非常明显。

图2-5　第17期活动海报　　　图2-6　第29期活动海报

"鲜悦"会通过合作单位和学生组织的平台同步发布信息，也会与图书馆学科馆员进行合作，提醒其将信息推送到所负责的院系，还会与校外媒体取得联系，

努力提高活动认知度。这种多平台、多层次的立体式宣传对于活动理念的传播、影响力的提高有着很强的助推力。

三、交流阶段

"鲜悦"对读者不设门槛，校内外有兴趣的读者均可参加，网络预约与现场借阅相结合，读者只要填写登记表即可参加活动。从 2013 年起，"鲜悦"项目组开始利用由交大学生自主设计、开发的学生活动信息一站式平台"同去网"发布信息，预估参与读者数量，及时调整场地规模，合理分配资源，一旦活动安排发生变化，根据预约信息可以第一时间通知预约读者。

活动场地一般安排在主馆的小组学习室，这种透明橱窗式的小型研讨室，方便晚到的读者了解室内情况，随时加入交流，室内桌椅可以灵活组合，营造出一种轻松的氛围。如果一期活动有多本不同主题的"书"，则开放邻近的多个小组学习室，一室一"书"，既避免互相干扰，又方便读者"串门"交流。对于预约读者数量较大的活动，图书馆有规模不等的培训教室、报告厅可供选择，在进行室内布置时，会缩短"书"与读者的距离，方便交流。

考虑到学生的课程安排，活动时间一般安排在周三下午、周中晚上或周末，保障多数读者有时间参加，活动时长一般为1.5~2小时，突出人"书"互动，并且"鲜悦"项目组安排"小秘书"穿针引线，鼓励和引导读者主动发问，使读者与"书"能够充分交流，受到这种氛围的感染，读者与读者之间也会有所交流。

图 2-7　第 1 期活动，材料科学与工程学院学长分享出国留学经验

"鲜悦"还支持线下交流，如鼓励读者撰写书评，或在活动主页发表"读者来信"，并对优秀者给予奖励，此外还鼓励"书"与读者、读者与读者之间互留联系方式，建立线下联系，使交流得到拓展和延续。

图 2-8　第 25 期活动，校心理咨询中心老师讲述他眼中的"幸福"

图 2-9　第 40 期活动，校党委书记姜斯宪与学生共话大学生活和成长成才

图 2-10　第 46 期活动，熊光楷上将为交大学子讲述"藏书·记事·忆人"

四、固化阶段

"鲜悦"对"真人图书"进行编目,每本"书"都有自己的索书号、书名、出版单位、简介等信息,方便读者选择借阅,并通过活动主页等网络平台的搭建,完整记录"书目"信息,为活动的长期开展提供信息存储空间,以此形成自己的虚拟馆藏,而且"鲜悦"项目组为"真人图书"颁发馆藏证书,证明"书"已被收入"鲜悦"虚拟图书馆。

在内容上,没有两本"书"的经历、思想和表达方式是一模一样的,每个人都有自己鲜明的个性,真人图书没有"副本","小秘书"负责现场文字及影像记录工作,先征询"书"与读者的意见,在活动结束后将口语化的对白进行加工整理并在主页发布,同时将交流内容编撰成一本可直接阅读的图书,进行编目,使之成为图书馆的实体馆藏,让未能参加活动的读者也能分享交流成果,扩大传播范围,巩固活动成效。

图 2-11 实体馆藏图书《斯·缘》

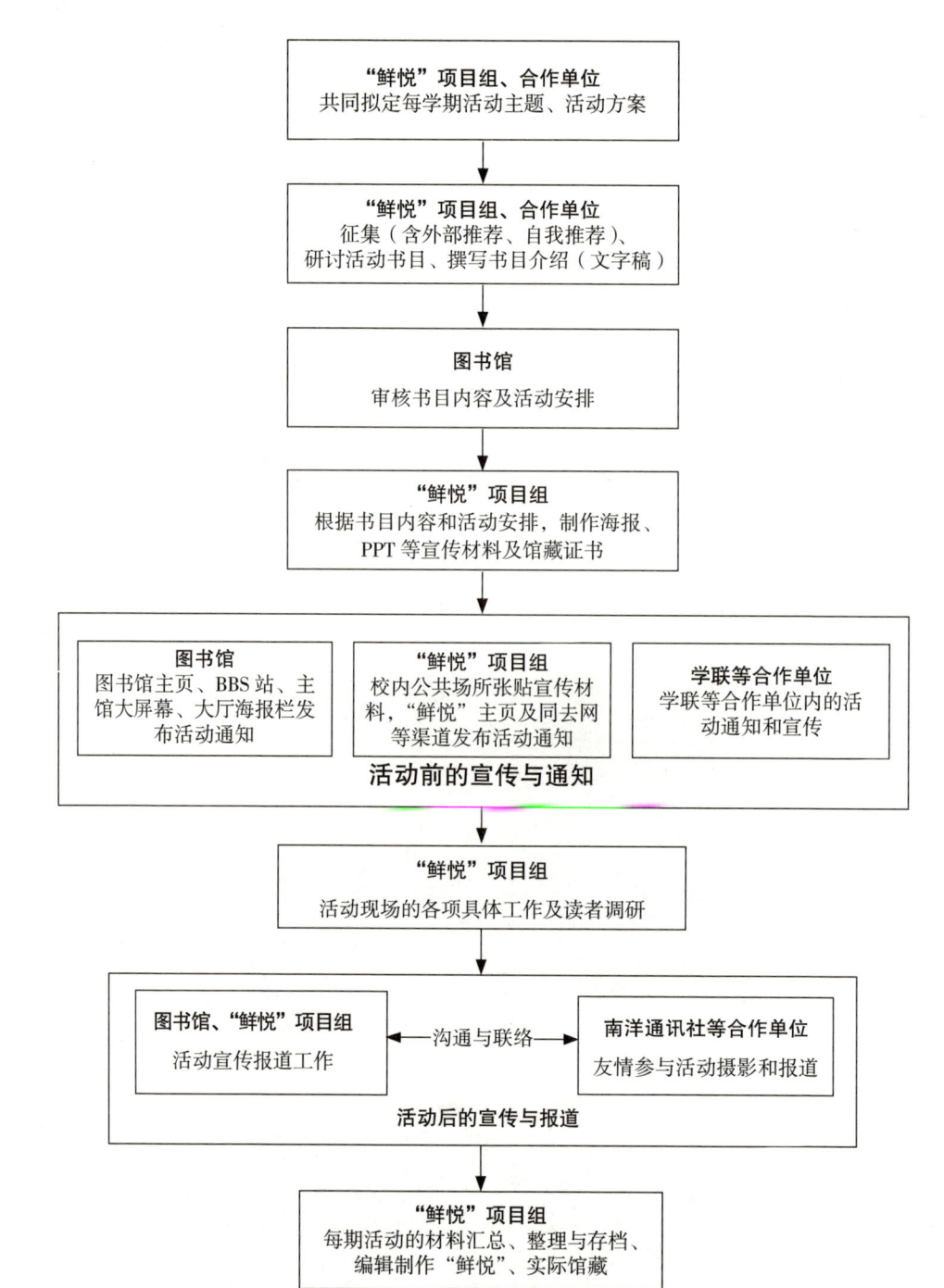

```
┌─────────────────────────────┐
│   "鲜悦"项目组、合作单位      │
│   共同拟定每学期活动主题、活动方案 │
└─────────────────────────────┘
              ↓
┌─────────────────────────────┐
│   "鲜悦"项目组、合作单位      │
│   征集（含外部推荐、自我推荐）、│
│   研讨活动书目、撰写书目介绍（文字稿）│
└─────────────────────────────┘
              ↓
┌─────────────────────────────┐
│   图书馆                     │
│   审核书目内容及活动安排       │
└─────────────────────────────┘
              ↓
┌─────────────────────────────┐
│   "鲜悦"项目组               │
│   根据书目内容和活动安排，制作海报、│
│   PPT等宣传材料及馆藏证书     │
└─────────────────────────────┘
              ↓
```

图书馆	"鲜悦"项目组	学联等合作单位
图书馆主页、BBS站、主馆大屏幕、大厅海报栏发布活动通知	校内公共场所张贴宣传材料，"鲜悦"主页及同去网等渠道发布活动通知	学联等合作单位内的活动通知和宣传

活动前的宣传与通知

```
              ↓
┌─────────────────────────────┐
│   "鲜悦"项目组               │
│   活动现场的各项具体工作及读者调研 │
└─────────────────────────────┘
              ↓
```

图书馆、"鲜悦"项目组	←沟通与联络→	南洋通讯社等合作单位
活动宣传报道工作		友情参与活动摄影和报道

活动后的宣传与报道

```
              ↓
┌─────────────────────────────┐
│   "鲜悦"项目组               │
│   每期活动的材料汇总、整理与存档、│
│   编辑制作"鲜悦"、实际馆藏   │
└─────────────────────────────┘
```

图2-12 "鲜悦"活动流程图

第四节 "鲜悦"的推广成效及未来发展

在上海交通大学校园内,经过40余期的活动,"鲜悦"已具有一定的知名度,并且荣获2014年学生工作特别贡献奖。"鲜悦"对各参与方都有着积极正面的影响,对阅读推广有一定的促进作用,同时受到了同行、相关课题研究者和媒体的关注。在不断的摸索过程中,"鲜悦"取得了一些成绩,收获了一些宝贵的经验,但随着探索的深入以及外部环境的变化,未来发展也存在诸多难题,需要更大的毅力去破解。上海交通大学图书馆会继续探索"鲜悦"这一创新服务品牌发展的新思路。

一、推广成效

根据"小秘书"在活动现场发放的问卷调查、评价表以及活动结束后的回访结果,"鲜悦"的活动形式及理念得到众多真人"图书"与读者的支持与鼓励。读者普遍表示"鲜悦"带给他们很大收获,对以后的学习、工作、生活安排及人生规划有不同程度的启示和帮助,后来甚至出现了忠实的活动关注者,多次参与活动;"书"也在与读者的沟通中有所收益;参与工作的"鲜悦"项目组成员提升了项目管理的能力;图书馆则提升了服务质量。

参与的"书"宋昀昀谈到为什么参加活动时,她说:"我是过来人,能了解学弟、学妹在不同阶段的困惑和期望,希望通过分享自己的经验和体会,帮助他们树立信心、鼓起追求梦想的勇气。"

参与的读者王恬评价道:"参加'鲜悦',让我看到了一位优秀大学生的成长。我暗暗下了决心,大学四年,我也要过得多姿多彩,决不虚度!"她在活动后的来信中写道:"第一次在图书馆门口看到那张 Living Library 的海报,心中多少有点疑惑。虽然大概明白了这是个与学长交流的活动,也觉得创意很好,但是心中还是有点忐忑。面对一个完全陌生的学长,还是那么优秀的人,会不会交流上有什么障碍?学长会不会觉得自己提的问题太过幼稚?会不会……犹豫之间,我来到活动现场。八个读者,一本'书',一个'小秘书',大家围着一张方桌坐着。作为'书'的学姐温暖的笑容，很快消除了我的紧张感。一问，这位学姐是大二的，更拉近了我们间的距离。气氛很快活跃起来，我们七嘴八舌地询问起了关于英语学习的问题。学姐耐心地一一解答，并不时用自己的例子让我们更好地理解她的想法。一来二去，大家更加熟悉了。有一位同学对大家提到的每件关于交大的事情都能插上几句，大家当场封给他'交大百事通'的称号。除了关于英语的话题，学姐还和我们分享了她参加社团工作方面的经历，并描述了她采访张杰校长的故事。收获了经验，认识了新朋友，到了结束的时候，我们几乎是依依不舍地互相道了别。"另一位读者潘坚来信写道："大一，是一个崭新的开始，正因为新，所以充满活力，因为新，所以无所畏惧，也正因为新，所以也难免迷茫，不知所措！对于初进大学的我们，一切都那么陌生，什么是考研？什么是直研？什么是保研？这么多新名词，充斥着大脑，让人不免晕眩。为什么要考研？考研何时准备？考什么？这么多问号，摆在眼前，让人不知所措！需要有人来指导，希望有人可以帮忙解答。找学长吗？试过了，他们也才大二，也正面临同样的问题。只能自己摸索，自己求解答案。不经意间，看到了'鲜悦'（Living Library）这个有趣的名词和活动形式，很是惊喜，感觉就像找到了一本大学的百科全书，可以帮我解答疑惑，可以让我了解大学。'借阅'过程中，气氛是那么融洽，学长是一位很优秀的研究生，他，在研究生入学考试中，取得了 400+ 的好成绩，专业课考试 140+。他有一套很独特的复习方法，耐心地为我们解答关于考研的方方面面，有时也会讲到生活，讲到大学该怎么过，他都以自己的经历，向我们解答这些严肃的问题，很感人，有启发性，也很有说服力，让我们学到了很多，了解了很多。以人为书，分享智慧与经历，不断学习，'鲜悦'给了我一个平台，让我可以不再于迷茫中挣扎，可以借鉴学长的征程，走出误区，避免弯路，脚踏实地地走好大学路！"

"鲜悦"在促进阅读推广方面有一定贡献。活动鼓励真人"图书"推荐阅读书单，图书馆从馆藏中抽取或优先采购书单中的纸质图书放在活动现场，供真人"图书"与读者使用，对传统阅读有促进作用。第 41 期活动，心理咨询中心老师推荐的关于心理学的著作,在活动后借阅量明显增加。"鲜悦"更大的贡献在于对传统阅读的科学引导,提升了阅读品质。

"鲜悦"受到了同行、相关课题研究者和媒体的一定认可与关注。南开大学、中山大学、西北大学、宁波大学等高校研究 Living Library 课题的图书馆员和学生先后来到上海交通大学图书馆调研。2009 年 6 月《中国学生健康报(大学生版)》以《活人图书馆:以人为书,"读"出自信》为题,2011 年 9 月《徽尚生活》杂志以《读一本鲜活的"书"》为题,2014 年 9 月《中国教育网络》杂志以《上海交通大学:我们是怎么做真人图书馆的?》为题,先后对活动进行报道。2014 年 12 月,《文汇报》现场采访"鲜悦"活动,并在教科卫版面刊发文章:《上海交通大学党委书记姜斯宪——人生当本书,我写了 60 页》。

二、存在的问题及发展目标

"鲜悦"目前主要存在三大问题。一是"真人图书"来自校内和校外,但读者范围比较狭窄,主要是校内读者,活动的开放性、公益性不够;需要改变观念,开门办活动,吸引社会人士尤其是周边社区居民参与。二是高校图书馆由于受到地域、资源等方面的限制,活动主题相对单一,难以形成多文化、多领域的交流;需要继续加强内部协调和外部合作,提高活动主题和"真人图书"的多样性。三是活动的评估和总结力度不足,方法不够科学,难以全面有效地收集读者意见;需要改进评估方法,及时总结和解决问题。

"鲜悦"已成为上海交通大学图书馆一项长效服务机制,目前处于深化和提高的阶段,需要拓宽视野,继续积极探寻活动发展的新思路。"鲜悦"的发展目标是:以国家、学校发展战略和读者需求为导向,构建人"书"深度交流、知识在愉悦的环境中阅读与传播的开放式人文拓展平台,促进阅读推广,协同弘扬大学精神、传承大学特色文化,成为一个具有广泛影响力、旺盛生命力的文化品牌。"鲜悦"未来将不仅是一种新的阅读方式,还是校园里的一种生活方式。为达到这一发展目标,将采取以下措施。

1. 增加活动数量

由以月为单位改为以周为单位开展活动，提高活动频率，增强活跃度。

2. 充实馆藏资源

维护好与"书"的关系，同时与读者需求对接，积极拓展储备"书库"，做到有需求就能即时找到合适的"书"。

3. 倡导情景阅读

活动场地不局限在图书馆的物理空间，而是走出图书馆，把一部分活动场地安排在"书"的工作、科研、学习或者其指定的真实环境中，使读者身临其境，边实践边交流。

4. 建立读"书"会

定期组织读者开展活动，方便读者分享阅读经验；帮助图书馆了解读者需求，制订更合理的活动方案。

5. 强化文化育人职能

满足学生需要，促进学生发展，加入学校育人体系；学管会和合作单位通过参与主办活动，发掘和培养一批具有潜质的优秀学生干部。

附文

"鲜悦"馆藏"书目"信息统计表

期数	交流主题	"书"的身份	"出版"单位
1	圆一个飞跃的梦	本科四年级	交大材料科学与工程学院
1	科研的背后	博士生	交大材料科学与工程学院
1	我与500强	研究生三年级	交大材料科学与工程学院
1	程序驾驭者	研究生三年级	交大软件学院
2	走在奋斗的路上	本科二年级	交大国际与公共事务学院
2	科技竞赛的韵律	本科四年级	交大船舶海洋与建筑工程学院
2	留学申请与交换学习	本科四年级	交大电子信息与电气工程学院
2	公务员面试技巧	研究生三年级	交大农业与生物学院

续表

期数	交流主题	"书"的身份	"出版"单位
3	考研高分	研究生一年级	交大航空航天学院
	从生物到医学	本科四年级	交大农业与生物学院
	一条坎坷的留学申请路	研究生三年级	交大农业与生物学院/生命与科学技术学院
4	飞跃的背后	本科四年级	交大电子信息与电气工程学院
	发掘你的潜力	研究生三年级	
	走向英语学习的顶峰	本科三年级	交大安泰经济与管理学院
5	从高级口语到《易经》	研究生一年级	交大航空航天学院
6	欧洲"任我行"	研究生一年级	交大材料科学与工程学院
7	从乡村学校到哈佛商学院	哈佛商学院毕业生	哈佛商学院
8	笑到最后	研究生一年级	交大材料科学与工程学院
	努力并坚持着	研究生一年级	
	以娱乐的精神去考研	研究生一年级	交大电子信息与电气工程学院
	考研：小菜一碟	研究生一年级	
	跨越梦想	研究生一年级	交大凯原法学院
9	追逐自己的心	本科四年级	交大材料科学与工程学院
	青春的智慧	本科四年级	
	优秀的榜样	研究生一年级	
	科研的力量	研究生二年级	交大物理与天文系
10	《士兵突击》"高连长"张国强相约交大	著名演员	华谊兄弟公司
11	课程改革，势在必行？	副教授	交大数学系
12	相约施索华	全国优秀教师	交大马克思主义学院
13	在奔跑中成长——我与跑步的故事	俱乐部资深成员	交大跑虫俱乐部
14	2010年司法考试，你准备好了吗？	2009司考高分得主	交大凯原法学院
15	图书馆馆藏资源查询与获取	综合流通部主任	交大图书馆
	EndNote助力文献管理和论文投稿全攻略	学科咨询馆员	
	大学生涯发展启蒙	学生处副处长、就业中心主任	交大学生处/就业中心
16	耶鲁大学生活札记（你离耶鲁有多远？）	大学英语教师	交大外语学院
17	最贴近生活的法律交流	首届"CLASS-X"团队成员	交大凯原法学院
18	新兴技术玩得转	系统发展部主任	交大图书馆
	学术资源随心取	采访编目部馆员	
19	"瞄准商界领袖目标，为自己预约未来"——MBA与您面对面	安泰MBA在读及毕业生团队	交大安泰经济管理学院

续表

期数	交流主题	"书"的身份	"出版"单位
20	生长于国境之间——第三文化小孩之心路历程	交大全球传播研究院助理院长	交大媒体与设计学院
21	爱在交大进行时——相约《爱情公寓》	著名演员	《爱情公寓》剧组
22	饿了么,"鲜悦"(Living Library)创业大餐	网站核心团队	"饿了么"网站
23	大学生领袖与您面对面	学联主席	交大学联
24	挑战自我,创赢未来	第十二届"挑战杯"能源化工组特等奖得主	交大材料科学与工程学院
25	心理老师眼中的幸福	心理咨询师	交大心理咨询中心
26	让我们一起畅聊时政	优秀思政教师	交大人文学院
27	走近交大技术宅	本科三年级	交大信息安全工程学院
28	"刀尖上的舞者"马勇杰博士与您面对面	教师	交大生物医学工程学院
29	欢校网运营总监讲述创业的苦与乐	"欢校网和59food"网站创始人,运营总监	交大生命科学与技术学院
30	Excel的高级应用	系统发展部馆员	交大图书馆
31	我的国学缘	副教授	交大安泰经济与管理学院
32	数模高手与你交流如何准备数模竞赛	本科四年级	交大机械与动力工程学院
33	了解神奇的3D打印技术	本科三年级	交大密西根学院
34	统计分析软件SPSS应用方法	学科咨询馆员	交大图书馆
35	六足章鱼机器人	机器人团队成员	交大机械与动力工程学院
36	Everyone Has a Second Chance	教授	新加坡南洋理工大学
37	逐鹿之星,创意无限	专利达人	交大电子信息与电气工程学院
38	Go Out and Make a Better Self	培训经理	默沙东制药公司企业大学
39	我的创业与学习之路	微软"编程之美全国挑战赛"第一名,本科四年级	交大电子信息与电气工程学院
40	斯·缘	交大党委书记	交大校领导
41	性格决定命运	心理咨询师	交大心理咨询中心
42	她/他在想什么——异性期待的差异	心理咨询师	交大心理咨询中心
43	活出轻松真实的自己	心理咨询师	交大心理咨询中心
44	揽月之星,阅读之巅	阅读达人	交大电子信息与电气工程学院
45	接纳自己,从现在开始	心理咨询师	交大心理咨询中心
46	藏书·记事·忆人	中国人民解放军上将	中国人民解放军

思考题

1. 如何维持学生组织参与图书馆阅读推广活动的热情与活力？
2. 应该如何评估"鲜悦"活动对于阅读推广的效果？
3. 在"鲜悦"活动成果固化阶段还可以有哪些举措，使"真人图书"与读者交流内容的精髓和亮点能影响到更多的读者？

延伸阅读书目

[1] 王波. 图书馆阅读推广亟待研究的若干问题 [J]. 图书与情报，2011（5）：33-35.

[2] 雷菊霞，乔婧，袁玉敏. 新环境下图书馆阅读推广工作探析：北京师范大学阅读推广实践与思考 [J]. 大学图书馆学报，2014（5）：86-91.

[3] HUMAN Library. A list of past Human Library events[EB/OL].[2015-04-15].http://humanlibrary.org/the-history.html.

[4] HUMAN Library. The History of The Human Library[EB/OL].[2015-04-15]. http://humanlibrary.org/activities.html.

[5] 徐炜，徐璟. 上海交通大学：我们是怎么做真人图书馆的？ [J]. 中国教育网络，2014（9）：71-72.

[6] 刘煦赞. 国内真人图书馆研究述评 [J]. 图书馆理论与实践，2014（10）：34-36.

第三讲

阅读·融入生活——杭州图书馆"阅读疗愈"项目

周宇麟　何　妨　邵春晓　聂凌睿[*]

【导读语】

相信看过朱德庸《我们都有病》一书的读者，都会对"朱氏幽默"所展现的现代社会及现代人生存现状问题印象深刻。的确，在快节奏的生活下，城市人背负着太多的心理纠结。"阅读疗愈"项目就是在此社会背景下进行的一种尝试，它源于我们的日常生活，让阅读不再仅仅停留在口号和纸面上，而是活生生地与每个人的生活经历相联结。

阅读是个社会问题，古今中外，阅读都是社会共同提倡的主旋律，从国家宏观层面，到家庭微观层面，直至个人层面概莫能外。古人云"书中自有黄金屋，书中自有颜如玉"，"万般皆下品，唯有读书高"。而在今年的世界读书日，李克强总理又一次提出了阅读是一种享受，也是一种财富，把支持全民阅读写入《政府工作报告》，借此鼓励全社会感受阅读，享受阅读。作为公共图书馆的从业人员，我们一直在思考，为什么一定需要这样或者那样的鼓励或诱导，才能维持住社会阅读率，才能营造出全社会的阅读氛围？

人是社会最基本的组成元素，而每个人都有着各自的爱好和习惯，让抽烟的人戒烟是件难事，让酗酒的人戒酒也是难事。同样，凡是成为个人生活习惯的行为，都无须提倡，也不易抑制。因为，这样的行为已经成为了一种习惯，成了生活的一个组成部分。那么阅读呢？是否也可以成为人们难戒的"烟"或

---

[*] 周宇麟，杭州图书馆社会文化活动部主任，副研究馆员，著有《社会教育是公共图书馆的使命——论国内公共图书馆在社会教育中的角色定位》等论文。

难离的"酒"呢？

基于上述观点，杭州图书馆在阅读推广活动启动之初，都会询问自己或主创团队：用户有什么理由来接受我们的推广，或者我们的推广到底能不能打动他们？

第一节　缘起

谈项目缘起之前，还是要再谈谈阅读。阅读的定义有很多，但普遍被人接受的是阅读是从书面材料中获取信息的过程，其中书面材料主要是文字，也包括符号、公式、图表等。但对于项目策划者而言，特别是在一个多种媒体盛行、互联网普及的环境中，阅读的内涵和外延应该进一步丰富和拓展。书，是记录信息的载体，而载体的材料随着时代的发展不断地革新，从甲骨到竹简、丝绸、纸张，直至现在的电子载体，未来可能会有更多新颖的材料来呈现信息的内容。因此，阅读不仅仅是纸质材料的阅读。此外，从形式来看，阅读包含研究性阅读与消遣性阅读，长篇阅读与短句阅读，平面化阅读和立体式阅读。在此基础上，杭州图书馆"阅读疗愈"创作团队开始对项目进行构思和策划。

阅读成为一种生活习惯，首先要将阅读融入生活，对个体的生活起到一定的作用，让个体对阅读形成一定的依赖。当下社会，阅读内容多元、方式各异、目的也不一样，杭州图书馆在分析社会不同群体需求的基础上，围绕"将阅读融入生活"的主题，希望通过多种形式的服务，促进市民的阅读，使阅读成为人们的一种生活习惯，为此推出了多项服务项目，2013年启动的"阅读疗愈"项目便是其中之一。

现代生活中，特别是都市人，压力比较大，工作、生活节奏也比较快，对幸福的理解各异，攀比之心泛滥，人的心理或多或少有点纠结和困惑，但往往又不愿踏入专业的心理机构或医院去寻求释放的方法，使得心理一直处于亚健康状态，导致社会极端事件屡见不鲜。面对这样的现状，创作团队在与社会上各类人群以及专业心理咨询机构进行沟通和前期调研后，一致认为都市图书馆可以此为突破口，开展以抚慰人心为主题的阅读推广活动。该项目在心理学概念的指引下，预期实现市民与专业人员面对面的交流，使市民心灵舒缓、压力释放，且借助有针对性的图书推荐和阅读以及后续的活动开展，实现对市民心理亚健康状态的有效缓解。

只有对生活产生有效帮助或直接产生作用的阅读，才能吸引人，才可能形成一种习惯。据此，创作团队在适应用户需求的基础上，开始策划并推出具有现代概念的阅读推广活动。

第二节 项目组织和实施

"阅读疗愈"项目自2013年启动以来，整个项目服务了四千余人，受到了社会及业界的广泛关注。杭州主流媒体（如《杭州日报》《钱江晚报》）以及国内网络媒体，对本项目进行了多达30余次的报道，业内《图书馆报》刊登了7次整版专访。这些既在意料之外，又在情理之中。

一、社会众筹，搭建服务平台

一项有生命力的活动项目，需要有坚实的载体。"阅读疗愈"项目，是一项横跨阅读推广、心理咨询和社会评价等多领域的阅读项目，因此，杭州图书馆以文化服务平台为基础，通过众筹的方式，吸收社会力量和资源，兼容并包，共同促进市民文化服务平台的多元化和专业化。杭州图书馆延伸阅读服务方式，以阅读为载体，以交流为纽带，联合杭州市12355青少年服务台、浙江省心理学会等相关组织和机构，共同开展"阅读疗愈"活动，即通过将图书馆文献推荐与心理学专家心理疏导相结合的方式，形成一个集特色服务品牌、专业服务团队及第三方权威评价于一体的成熟运行模式。

（一）杭州图书馆

项目运行过程中信息收集及服务的主平台。首先，充分利用文献资源，依托专业文献查询方式，采用文献补充采购和物流配送支持，根据心理治疗老师提供的书目，为读者提供相应的文献材料；其次，接受读者预约，解答活动项目及预约类咨询，汇总预约情况；再次，提供服务场所，为预约读者和心理治疗老师创造一个敞开心扉进行沟通的氛围；此外，吸收、招募社会志愿者作为项目的有效补充。同时，根据项目运营状况和市民或专家的反馈情况，对活动进行把控和调整。

（二）12355青少年服务台

项目人力资源培训和组织的主要落实方。借助丰富的心理学人力资源，以相关心理学背景的指导老师为班底，组建心理治疗的专业队伍。心理治疗老师与需求读者充分沟通，根据市民用户的具体情况，设计辅导方案（包括文献载体、内容、团体服务与个人服务），有针对性地提供心理辅导。此外，对社会志愿者队伍进行培训和考核，提升志愿者队伍的专业水平和稳定性。

（三）浙江省心理学会

专业性的研究机构，是项目的第三方专业性评估机构。全程跟踪"阅读疗愈"活动过程，并根据相关环节和每位读者的体验效果，从心理学的角度，独立、客观地提供专业化评估。

二、服务项目的动态调整

现代人的心理亚健康主要来自工作环境、家庭氛围和婚姻情感处理过程中的困惑和压力，鉴于此，"阅读疗愈"项目启动时，设置了职场类专题、亲子类专题、情感类专题三大主题。三大主题分别配置一定数量的专家组成员，每周接受读者一对一的预约服务。读者根据自己的特性和情况，选择相应主题和专家，接受专家的服务；在交谈后，专家根据交流的情况，给读者"开药方"，即书单；

读者在读完专家所列书单后，进行下一阶段的回访。

在项目推出过程中，我们不断地根据读者的实际需求和使用反馈，以及专家的建议，对项目进行进一步的调整和完善。由于一对一服务，难以产生规模效应，同时用户预约踊跃，所以在一对一更注重隐私的服务基础上，我们推出了"团服"服务，并形成"个服"与"团服"（如图3-1、3-2）相结合的组织形式，在累积一定个案量的基础上，专家针对一些重点关节或普遍性问题，开展团服，以期扩大服务面，让更多的有共性问题的用户在团服过程中得到疗愈。

此外，在传统的"个服"与"团服"相结合的服务形式基础上，根据心理学发展的趋势和用户的接受程度，进一步拓展和丰富了服务项目和方式，推出了OH卡牌心态疗愈活动、阅读疗愈书友会、音乐疗愈等衍生服务，作为"阅读疗愈"项目的有效补充。

图 3-1 项目中专家面对面"个服"　　　　图 3-2 项目中的专家主题"团服"

三、社会志愿者团队的组建

"阅读疗愈"项目通过多种渠道发布阅读疗愈社会志愿者团队招募信息（见图3-3），扩大阅读疗愈专家志愿者队伍力量。不仅要增加拥有心理学专业资质的志愿者团队力量，以便开展针对性导读；更要吸引各个行业热爱阅读的顶尖人才，使其经过专业的阅读和选书训练，最终成为杭州图书馆阅读治疗师，展开泛在化的导读，以帮助读者领悟人生、增强信念、完善人格。

图 3-3　项目首期招募社会志愿者，面试过程中

（一）建立完善的专家、志愿者交流分享

每一季度，"阅读疗愈"项目将会定期组织召开分享会，邀请专家来馆分享案例和阅读疗愈服务心得，图书馆工作人员将做好数据统计工作，并按照读者咨询方向，结合专家时间，集中安排"团服"。

（二）规范专家志愿者准入及评价体系

2014年，规范专家志愿者准入机制，制定《杭州图书馆阅读疗愈专家志愿者管理规范》，并在杭州市健康管理委员会的监督下，建立完善的活动评价体系，定期对活动进行专业评估，促进活动的良好开展。

第三节　困难与局限

由于"阅读疗愈"项目在公共图书馆界应用并不广泛，属于一种新形态服务的尝试，在其启动、运行过程中，往往会有一些困难或局限存于其中。而这些困难或局限，既有主观问题，也有客观制约。

主观上，首先遇到的困难是，传统图书馆作为以文献借阅为主的形象，在市民心中根深蒂固，市民对图书馆服务和阅读方式的陌生导致了对公共图书馆服务功能的误解。获得"阅读疗愈"项目服务信息的市民会产生"图书馆怎么也能开展此类服务"的疑惑。其次，市民往往对"阅读疗愈"项目抱有过高的期望，往往希望通过与专家一次面对面的交谈、一本专家推荐图书的阅读，就能解决自身存在的心理亚健康的问题。当然轻度的心理障碍可以较为快速地解决，但是对于有些严重的情况，需要专家的多次座谈、多次回访，需要阅读不同类型的文献，才能起到一定的效果，这可能需要一个更长的过程。

客观上的局限表现为以下几个现象：第一个现象是"疗愈"有余、"阅读"不足。多数读者来馆参加活动为的是抒发内心郁闷，较少人愿意通过"阅读"来进一步自我化解；多数专家为心理学专业人士，长于心理辅导，弱于书籍推荐。第二个现象是项目规模性有限。鉴于私密性问题，项目本身更注重的是读者与专家一对一的个体交流，所以项目服务量及覆盖面就会有局限。

第四节　启示与发展

一、启示

"阅读疗愈"项目在城市图书馆推出，对于公共图书馆而言，具有一定的引导意义。这是由于项目本身是一种符合现代公共图书馆发展定位和趋势的活动，而通过这样的途径，项目本身既与当今社会背景和市民生活相适应，又是公共图书馆文献营销一种新的尝试。

"阅读疗愈"项目推出和开展后，除了吸引更多的市民走进图书馆，了解并利用图书馆，促进了借阅，提高了文献的流通率外，对于公共图书馆本身而言，特别是都市图书馆，其意义主要有以下三点。

其一，通过跨界合作，让公共图书馆的形象在市民心目中扎根，图书馆不再是一个单一的、孤立的学习场所，而是一个与市民密切相关的、有血有肉的第三文化空间。跨界的合作，体现了公共图书馆是一个开放、共融、多元的文化服务平台，图书馆服务多样化的探索丰富了公共图书馆的服务业态，促进了图书馆服务的转型。

其二，"阅读疗愈"项目的实施，让阅读的作用不仅仅停留在知识获取层面，更能够在精神、情感、生活各方面起到积极的作用。一方面，阅读不仅能治愚，更能让人明理。阅读是让人懂得道理的方式，面对面的交流则是授业解惑的方式，两者的结合寓教于乐，在解决市民心理障碍或纠结时，也推动了文献的借阅，推广了阅读。另一方面，在现代社会，发达的网络、电子读物的普及以及手机阅读的兴起使得碎片化阅读、快餐式阅读成为一种常态；但是深层次阅读、知识的获取和把握，仅凭借快餐式阅读是无法实现的。在"阅读疗愈"项目里，通过与具有一定知识背景的专家面对面地交流，其本身就是一种阅读，并且能促进深层次阅读的开展和知识的获取。

其三，"阅读疗愈"项目的推出是公共图书馆社会教育"以文化人"的本质体现，通过文献的阅读，发挥了感化、教育、引导、培育的功能，形成更美好的生活氛围。项目本身源于社会的实际需求，围绕"将阅读融入生活"的目标，因此在实际操作层面更符合和贴近市民的喜好和生活，项目本身也更接地气，具备持续服务的潜力和空间。

二、发展和完善

（一）建立读者反馈机制

首先，完善用户信息登记。在用户初次报名时，要求读者完整填写《杭州图书馆阅读疗愈读者报名表》，和用户明确参与活动需要反馈的规定。其次，用户与专家成功对接后，建立读者、专家双方档案，将专家对用户的诊断书和推荐书目存档。最后，遵循读者意愿，做好再次咨询的时间安排。如用户放弃第二次咨询，则提醒读者关注阅读疗愈其他分支活动，引导用户通过阅读进行自我疗愈，并积极向专家反馈阅读心得和疗愈程度。

（二）以杭州市公共图书馆体系为平台，拓展服务范围

依托杭州市公共图书馆体系平台，进一步拓展"阅读疗愈"的服务范围和受众面。杭州图书馆将发挥地区中心馆的积极作用，以区、县（市）图书馆为延伸，基层图书馆（室）为支点，通过与区、县合作，单位、社区集体报名等方式，将体验活动有针对性地送进企业、部队、社区，突破区域限制，进一步扩大服务覆盖范围。

（三）以书为媒介，开辟心灵氧吧——"心灵驿站"

成立"书目疗愈区"（该服务即发展性书目疗愈法服务），摆放阅读疗愈相关类型书籍，馆员扮演阅读疗愈素材咨询顾问的角色，编辑、组织、诠释和提供具有情绪疗愈效用的阅读素材，对"心灵驿站"的书籍做好图文并茂的书目提要，为读者提供阅读线索。该区域图书为一般图书和绘本相结合，考虑到用户需求，细分为励志、探索生命、情感、社会关系、生活体悟、心灵成长、冲突和青少年心理等类。该区域采取沙发和茶几相结合的形式，重在温馨和私密性，定期更新墙面书籍介绍和书影，将读者、专家的画作悬挂在墙上，在适当位置摆放艺术品、海报。

（四）完善项目包装和营销

1. 统一标识、标志及宣传海报

"阅读疗愈"项目将推出阅读疗愈活动Logo，统一标识、标志，并设计美观、大方、深入人心的宣传海报，让"阅读疗愈"活动为更多的读者所知。

2. 编撰阅读疗愈宣传册

"阅读疗愈"项目将编撰《将阅读融入生活》（暂定名）等一系列小册子，向普通民众和读者普及阅读疗愈知识，让市民在对阅读疗愈全面了解的基础上，走进图书馆参加活动。

3. 项目成果展示

每期活动结束后，"阅读疗愈"工作人员会做好每期活动的整理工作，以表

格形式登记读者人数、读者性别、咨询问题类别、是否回访、是否参与读书会、咨询的主要问题等，做好案例积累、整理工作，定期进行项目成果展示。

附 文

参与者的声音

一、专家团队的声音

1.李丽琴（杭州图书馆阅读疗愈专家团成员之一，婚姻维护"二二一理论"的首创者，擅长领域：女性婚姻情感维护、人格分析、职场关系运用）：

依稀记得，三年前曾经阅读过王波老师的《阅读疗法》，当时觉得自己有中文与心理学的学历背景，很舍我其谁地陆续做了些个案，与来访者一起走上了阅读的疗愈之路。其间，一直就没有静下来回顾，直至2013年晚春的一个周末，依托杭州图书馆的浩如烟海的历史文献，把与阅读疗法相关的素材抽取了出来。图书，也能治病，这是一个有别于传统的心理治疗的选题。书籍所具有的传承人类文明、推动社会进步的作用能在阅读疗愈过程中更好地发挥出来。

2.徐竞（杭州图书馆阅读疗愈专家团成员之一，美国自然整合医学会EFT执行师。擅长领域：精神分析、心理动力学、认知行为、焦点解决）。

杭图的阅读疗愈项目不仅仅停留在拥有一批专业的心理咨询师队伍，根据读者的来访问题，开出书单，让读者通过看书来获得自我疗愈。在我所做的阅读疗愈项目中，能感受到书籍带给读者的智慧与启迪，但更多的是因为书，让读者们有机会坐在一起，在我的主持与带领下，大家彼此倾诉，分享人生的经历，获得来自人际的支持、鼓励、欣赏，从而去做一个"更好的自己"。

3.夏滨（杭州图书馆阅读疗愈婚恋专家）：

阅读疗愈活动，不仅是心理学家和读者的对接，也是心理学家和书籍的融合，读者和书籍的融合。我在阅读疗愈中，就像是一座桥梁，联系起了读者和图书，对读者产生潜移默化的引导，让他们知道，很多人生或是婚姻生活中看似无解的命题，都能在书籍中找到最完美的答案！

二、用户的声音

1. 李先生（亲子主题参与者）：

在蔡老师的推荐下，我和妻子一起陆续看了龙应台的《孩子你慢慢来》《目送》《亲爱的安德烈》。龙应台在事业上是有名的女强人，而在家庭教育上也有着自己的特点。妻子在阅读三本书的过程中，渐渐认识到自己的短处，也意识到以后在教育孩子的方法上，应该有所调整。感谢阅读疗愈活动，我还会持续关注！

2. 邓先生（音乐疗愈参与者）：

我来参加"音乐与自我疗愈"工作坊是有目的的，我需要老师帮我解决一个困境，我没办法面对与解决。徐竞老师运用催眠治疗中的隐喻故事疗法，在对我催眠的状态下讲述了一个狮子的故事，然后将我过去的成功经历与体验带入到了我的问题情境中，接着处理问题情境的身体反应、情绪体验，从而改变了我的认知。我以前没有体验过催眠，也没有体验过音乐疗愈，这次活动，为我揭开了催眠和疗愈的神秘面纱，更帮助我找到了"本我"。对于自己的问题、我已经有了较为清晰的认知，后期我还会继续参加阅读疗愈活动，进一步和阅读疗愈做亲密接触。

思考题

1. 关于阅读推广活动的策划，社会调查的形式可以有哪几种？
2. "阅读疗愈"项目实际效果的考量应该包括哪些指标？
3. 如何建立用于评价阅读推广实际效果的指标体系？

延伸阅读书目

[1] 百度百科. 阅读疗法 [EB/OL]. [2015-05-10]. http://baike.baidu.com/view/825966.htm

[2] 李超平. 公共图书馆宣传推广与阅读促进 [M]. 北京：北京师范大学出版社, 2013:159-212.

[3] 岳修志. 基于问卷调查的高校阅读推广活动评价 [J]. 大学图书馆学报, 2012(5):101-106.

[4] 刘亮. 联合国教科文组织的阅读推广活动与图书馆[J]. 图书与情报, 2011(5): 36–39.

[5] 王素芳, 孙云倩, 王波. 图书馆儿童阅读推广评估指标体系构建研究[J]. 中国图书馆学报, 2013(6): 41–52.

[6] 施晓莹, 张岩, 谌敏. 基于读者视角的图书馆阅读推广价值评价研究[J]. 农业图书情报学刊, 2014(9): 74–77.

[7] 闫伟东. 欧美图书馆多元化阅读推广模式及其启示[J]. 图书情报工作, 2013(12): 82–87.

第四讲
"一校一书"阅读推广

陈有志　赵研科*

【导读语】

　　这是一个多元化的社会。多元化的社会生活、多元化的社会组织、多元化的利益、多元化的思想、多元化的价值，也就有了多元化的需求。但多元化的背后，我们需要一个底限，需要有所坚守，否则，就会成为一个浮躁的民族。由湖南省高等学校图书情报工作委员会发起组织的湖南省普通高校协同项目——"一校一书"阅读推广活动，立足多元化，用多元化的组织、多元化的手段、多元化的媒介，用"经典、精读、经世"来塑造阅读的"底限"。

湖南省高校图工委成立于1980年12月18日，原名湖南省高校中图会，1983年5月改名为湖南省高等学校图书馆工作委员会，1989年4月改为湖南省高等学校图书情报工作委员会（简称湖南省高校图工委），是在湖南省教育厅领导下，对全省高校图书情报事业进行协调、咨询、研究和业务指导的工作机构。现有成员馆37个，主任单位设在湖南大学。从2013年开始，湖南省高校图工委在全省37所普通高等学校中组织"一校一书——经典、精读、经世"阅读推广活动，活动一年一次。

---

* 陈有志，湖南大学图书馆馆长助理，副研究馆员，《高校图书馆工作》编辑，编有《湖南省普通高校图书馆事业志》《文献传递理论与实务》等书。
赵研科，湖南大学图书馆馆员，发表论文10余篇。

第一节 "一校一书"的创意来源

一、美国"一城一书"活动

美国"One Book，One City"活动起源于1998年南茜·碧儿（Nancy Peal）在西雅图公共图书馆举办的"如果全西雅图阅读同一本书"（If All Seattle Read the Same Book）的活动，目的是让社区中的所有居民都来阅读并讨论同一本书，从而促进社区居民关系，引起社区公民的共鸣，增进社区公民的归属感。那次活动所选择的图书是 The Sweet Hereafter，中文译名是《意外的春天》或《甜蜜来生》。这一活动由美国图书馆协会的公共计划部门提倡并发展到全美，逐渐向全世界延伸。美国图书馆协会的公共计划部把"一城一书"活动称为"One Book，One City"，通常与城市的名字相结合，如"一书一芝加哥""一书一温哥华""一书一桃园"等；也有城市虽未严格采用类似名称，如"塔科马港一起读"，但活动形式一样。活动以社区作为"一城一书"活动的最小活动范围，美国图书馆协会负责此项活动的讨论组织，发行指南书或光盘。[①] 同时，美国国会图书馆的阅读中心负责保存美国"一城一书"活动情况的资料，在阅读中心的主页上同时登记根据州、城市、书的作者和书名来分类的活动记录，并有相关记录的网站链接。阅读中心还负责登记举办过"一城一书"相关活动的相关记录，并不断地接受新的活动记录登记。这一活动逐渐波及加拿大、英国和澳大利亚等国。

二、新加坡国民阅读活动

2005年，新加坡国家图书馆在国内读书活动的经验上，借势推出了"Read！Singapore"运动。本着新加坡有四种官方语言的特色，在首届活动中，组织者就挑选出12本小说供国民阅读，四种语言，每种语言三本。"Read！

---

① 刘盈盈. 阅读一书，共享思想：美国"一城一书"活动及其启示 [J]. 图书馆杂志，2007（6）：57—60.

Singapore"活动形式丰富多彩。组织者每年都会策划上百种活动。同时，针对青少年，组织者还特地设立了博客、短信征文、小说短片制作比赛和嘻哈比赛。其中，图书阅读讨论会是最为重要和举办最为频繁的核心活动。组织者每年都会侧重一个主题，活动从最初以"促进国民对文学作品的阅读，提升本国文学创作能力"为目的，发展到今天，已经包括：①营造书香社会；②在民众之中创造交谈和讨论的议题；③促使民众主动阅读；④提高新加坡人批评性思考的能力、创造力、表达能力和想象力。[①]

借鉴国外这两个活动的成功经验，湖南省高校图工委推出了"一校一书——经典、精读、经世"阅读推广活动。

第二节 主题的选择与诠释

湖南省高校图工委发动的阅读推广活动，以"经典、精读、经世"为主题。

一、经典

"一校一书"阅读推广活动力推经典之作。经典，古时指作为典范的儒家载籍。现代意义上的经典被赋予了更广的含义，一般认为的经典应该具有以下五个要素之一：一是核心价值不会随时间流逝而改变的作品；二是经久不衰的传世之作，后人尊敬它，称之为经典；三是具有典范性、权威性的著作；四是历史选择出来的"最有价值的书"；五是被主流文化所承认的著作。

二、精读

"一校一书"阅读推广强调精读。与泛读不同，精读指的是深入细致地研读。一个人要积累知识，就必须读书。对重要的文章和书籍，要认真读、反复读，要逐字逐句地深入钻研，对重要的语句和章节所表达的思想内容还要做到透彻

[①] 张文彦. 新加坡阅读嘉年华："Read! Singapore"的发起与简介[J]. 出版参考，2008（4）：30.

理解，这就是精读。衡量精读应该有三类九项指标。三类指标包括一般认知指标、高级认知指标、情感性指标。其中一般认知指标有：记住（记住经典句子）、了解（了解该书形成的背景）、掌握（掌握著作的基本内容）。高级认知指标有：分析（分析其指导意义、可应用的领域与途径）、应用（运用例子进行联想）、评价（评价其优点长处、局限与不足）。情感性指标有：价值（其对自己价值观的影响）、信念（改变或者坚定了何种信念）、态度（经典对自己处世态度的改变）。

三、经世

"经世"是"一校一书"阅读推广的目的。"经世"具有"经世致用"之意。"经世致用"体现了中国传统知识分子讲求功利、求实、务实的思想特点以及"以天下为己任"的情怀。对于当代大学生来说，经世致用就是关注社会现实，面对社会矛盾，运用所学解决社会问题，以求达到国治民安的实效。同时，"经世致用"作为湖湘文化的精髓之一，具有浓厚的地域文化特色。

第三节 活动的整体组织与实施

一、组织设计

"一校一书——经典、精读、经世"阅读推广活动，以全省37所普通高校全体师生为活动参与对象，由湖南省教育厅高等教育处与中国图书馆学会阅读推广委员会指导、湖南省高等学校图书情报工作委员会组织与落实。活动每年一次，以每年的4月23日"世界读书日"前后为启动日，年底的湖南省高校图书馆馆长年会日为总结表彰日。活动旨在通过在大学生中开展经典阅读推广活动，促进"全民阅读"的深入开展，营造书香社会。活动分为四个阶段。

第一阶段：好书推荐与精读图书产生阶段。在4·23"世界读书日"前后，各校开展形式多样的读书活动，在当年"一校一书"阅读推广书目中，通过读者投票、图书馆馆长推荐、教授推荐等方式产生精读图书一种。

第二阶段：精读与互动阶段。各校进一步组织针对精读图书的系列活动，有条件的学校可以组织教师参与。活动内容包括图书展销、图书宣传、撰写读书心得、撰写书评、举办读书讨论会、举办有关该书或相关主题的学术演讲、进行作者访谈、举办展览、放映由书改编的电影等。

第三阶段：读书心得网上评选阶段。各校对读书心得进行初评，按规定比例将读书心得电子版发到湖南省高校图工委秘书处。湖南省高校图工委将读书心得编号挂网，开始网上交流与投票。

第四阶段：统计与表彰阶段。各校撰写本校活动总结，将有关材料报湖南省高校图工委秘书处，湖南省高校图工委秘书处统计投票结果，组织专家进行申报奖项评选。在馆长年会上颁发奖励。

湖南省高校图工委"一校一书——经典、精读、经世"阅读推广活动是由湖南省高校图工委组织的、省域性的活动，在这一活动中，湖南省高校图工委采取指示性组织方式，从整体方案设计、发布活动指南、发布推荐书目、组织网络评选，到结果统计分析与奖励，全程参与整个活动。

二、时间设计

湖南省高校图工委"一校一书"阅读推广活动在时间设计上，选择了较长的时间跨度，从4月份启动，到12月底结束，整整8个月的时间。延长时间跨度的优点主要有以下几个。

第一，与大学校园师生生活节奏相适应。4月份启动阅读活动，避开了3月份年初安排教学、学习的"繁忙季"，也避开了元月的"备考季"。尤其是把暑假纳入到活动时间段内，使大学生有更多的时间静下心来精读图书、认真思考人生真谛、撰写读书心得。

第二，八个月的时间跨度将"世界读书日""图书馆服务周""三湘读书月"等活动日期包括在内，有利于各图书馆统筹安排阅读推广活动。

第三，有利于活动的多维度组织与多维度宣传，能够产生较强的共振效应。

三、书目的选择

由于主体的非同质性,统一组织区域性的阅读活动最难解决的问题是推荐书目的选择。选择阅读推荐书目,除了具有主流的价值观导向外,至少要充分考虑以下几个问题。

(一)活动的主题

湖南省高校图工委组织发动的"一校一书"阅读活动主题是"经典、精读、经世",这就要求推荐的图书首先应该符合"经典"这一特征,其次要具有"精读"的价值,也就是说推荐的图书不能是普通的通俗读物,应该具有更深的写作背景、故事背景,具有可欣赏性、可挖掘性、争议性等特征。三是"经世",这是阅读活动的最终目的,也就是能够对读者的人生观、世界观、价值观产生重要影响,真正"经世致用"。

(二)读者群体的特征

"一校一书"阅读活动的基点是以点带面地推动全民阅读,从一书到多书、从学校到社区来推动"书香社会"的形成。从读者群体来讲,具有单一性与多样性相结合的特征。单一性,指的是阅读的对象主要是大学师生,具有知识分子的典型特征;多样性,指的是不同大学在性质与专业领域方面的多样性。这一特征决定了"一校一书"推荐书目的内涵与外延都必须与读者群体特征相适应。从内涵上讲,要符合高级知识分子的阅读喜好,从外延上讲,书目要具有多样性,有较大的选择余地,不但要推荐文学类的经典图书,还要推荐自然科学类与社会科学类的经典图书。

(三)可持续性

"一校一书"阅读推广活动旨在持续营造读书的社会氛围。根据方案,活动每年举办一次,计划每年列出推荐图书30种左右(一般不重复推荐),这就决定了"一校一书"推荐书目的特殊性:一是推荐书目动态变化,从内容上讲,采用国学经典、历史经典、权威经典都不合适;二是读者群体高端多样,从主体上讲,采用个人推荐书目也不合适。鉴于此,对于类似"一校一书"这种区域性阅读推广活动,要确保其推荐书目的可持续性,最好的考虑是:核心价值不会随时间流逝而改变的作品以及被主流文化所承认的著作。

鉴于以上三个特征,"一校一书"阅读推广书目采用主流媒体推荐书目综合评定法。例如,2014 年采用的是包括《京华时报》《兰州晚报》《南方都市报》、《中国新闻出版报》《中外书摘》《重庆晨报》读书版、新浪网、《中国出版传媒商报》与新华网、《中华读书报》、当当网、《贵州都市报》、凤凰网、深圳读书月组委会、深圳报业集团、《都市时报》《光明日报》《中国日报》《济南时报》、《出版人》杂志、百道网、《新京报》《钱江晚报》、亚马逊中国、《华商报》、《经济观察报》、京东图书、《作家文摘》、人民网、新浪微博、《亚洲周刊》在内的媒体、机构推荐的"好书中的好书",经综合评定而形成的书目,具体如下:

表 4-1 "一校一书"阅读推广书目(2014 年)

书名	作者
1.《邓小平时代》	〔美〕傅高义
2.《繁花》	金宇澄
3.《看见》(重推)	柴静
4.《出梁庄记》	梁鸿
5.《王鼎钧回忆录四部曲》	王鼎钧
6.《平如美棠:我俩的故事》	饶平如
7.《炸裂志》	阎连科
8.《古拉格:一部历史》	〔美〕安妮·阿普尔鲍姆
9.《第七天》	余华
10.《陈独秀全传》	唐宝林
11.《朱镕基上海讲话实录》	《朱镕基上海讲话实录》编辑组
12.《寻找·苏慧廉》	沈迦
13.《无愁河的浪荡汉子》	黄永玉

续表

书名	作者
14.《南非的启示》	秦晖
15.《黄雀记》	苏童
16.《故国人民有所思》	陈徒手
17.《野心优雅》	任志强
18.《谢谢你离开我》	张小娴
19.《小艾,爸爸特别特别地想你》	丁午
20.《文学回忆录》	木心
21.《曼德施塔姆夫人回忆录》	〔俄〕娜杰日达·曼德施塔姆
22.《历代经济变革得失》	吴晓波
23.《大数据时代》	〔美〕维克托·迈尔–舍恩伯格
24.《从你的全世界路过》	张嘉佳
25.《变革中国》	〔美〕罗纳德·哈里·科斯
26.《20世纪中国艺术与艺术家》	〔英〕迈克尔·苏立文
27.《中国经济双重转型之路》	厉以宁
28.《我所理解的生活》	韩寒
29.《谁的青春不迷茫》	刘同
30.《忍不住的"关怀"》	杨奎松
31.《没有色彩的多崎作和他的巡礼之年》	〔日〕村上春树
32.《尽头》	唐诺
33.《本色》	乐嘉
34.《被禁锢的头脑》	〔波兰〕切斯瓦夫·米沃什
35.《自由在高处》	熊培云

四、激励机制设计

"一校一书"阅读推广活动是一个跨组织、跨平台的协同活动,具有社会性、志愿性、公益性的特征。在组织上,主要解决两个问题:一是如何吸引各校主动参加阅读推广活动；二是各校在组织过程中，如何吸引读者参与到活动中来。激励机制的构建工作很复杂。根据湖南省高校图书馆的实际情况，"一校一书"阅读推广活动设计了五个层面的激励机制：自我激励、组织激励、社会激励、政府激励、物质激励。[1]

（一）自我激励

阅读推广组织者与参与者的利益诉求既不同于经济组织的物质因素，也不同于政治组织的"权威"因素，而是"事业共同体"中的内在激励。阅读推广活动旨在推进"书香社会"建设，是一种社会服务，参与的图书馆及活动组织人员在提供社会服务的同时，往往希望在动员、组织、操作过程中获得激励，这是一个不断互动与建构的过程。也就是说，组织者注重服务过程中的不断自我激励（有些学者称为"反身激励"），以及通过社会评价体系逐渐强化这种激励。这种自我激励方式主要有：自我成就激励、自我价值激励、自我提升激励、自我愉悦激励等。这种激励：一方面要对阅读推广组织人员进行培训，帮助他们树立正确的价值观，认识到阅读在人的一生中的潜在价值、阅读推广在整个社会发展进程中的重要地位、自己在阅读推广组织活动中的重要作用；另一方面，要树立正确的舆论导向，采取各种方式对阅读推广行为给予承认和肯定，让阅读推广组织者在服务过程中获得更多的自我成就感。

（二）组织激励

组织激励是指在阅读推广过程中，组织单位对全民阅读推广实施单位与个人进行激励。主要通过增强组织激励的内在归属感和荣誉感、加强组织内部赞许和表扬、实施典型激励等方式实现。[2] 协同阅读推广作为一种松散的组织方式，参与单位与个人对同业的组织激励都较为看重，组织激励形式主要有：赞许、典型激励、参与管理、绩效评价等方式。赞许是激励方式中最常用、易行的一种，

---

[1] 程丽平，冯伟. 全民健身志愿者激励机制研究[J]. 吉林体育学院学报，2014（8）：35–38.
[2] 吴艳利. 我国事业单位激励机制的构建策略探析[J]. 价值工程，2012（3）：174–175.

可以通过电话、QQ群组、微信群组、网站等，对优秀的单位与个人及时赞许。同时，树立典型，如阅读推广示范单位、先进个人，对参与单位与个人也具有良好的激励效果。此外，协同阅读推广过程中，让各单位或个人参与项目的决策和管理，不仅是一种管理机制的创新，更是一种全新的激励方式。参与管理的形式较多，诸如邀请出席某个重要会议，聘请担任阅读推广的指导、顾问等。在阅读推广的组织激励中，绩效评价也是一种重要的措施，通过一系列的指标，如参与人数、参与深度、读书心得的数量质量、读者参与层次等，不但能够确保活动的有效组织、顺利进行，更有利于调动相关人员及参与读者的积极性。

（三）社会激励

阅读推广的社会激励是指在全社会建立激励阅读推广的制度和氛围。激励方式主要包括社会荣誉激励、社会回馈激励和大众传媒的宣传报道等方式。社会荣誉激励是对组织者及参与者最常用的激励方式。我们可以设置多层次的阅读推广服务奖项，上到政府授予的荣誉，小到街道社区颁发的奖励，都属于社会荣誉激励。关于社会回馈激励方式，各地区已探索出多种形式，其中最具代表性的是义务献血的回报机制、志愿者服务的"时间储蓄"制度，等等。协同阅读推广也可以建立类似的社会回馈激励方式，如阅读推广组织、实施者的"自由借阅权"或"阅读自由通行证"，阅读参与者的"逾期豁免权""手机图书馆免费使用权"，等等。此外，广泛地宣传报道阅读推广活动，是社会激励的一种重要形式。鉴于此，我们首先要积极争取大众媒体的支持，促使其把宣传报道阅读推广当作自己的一项责任和义务。二是要对阅读推广行动的典型事件、典型人物进行突出报道，树立阅读推广的典型。三是通过媒介积极营造"书香社会"的良好氛围，形成全民阅读的社会风尚，从而建立社会层次的文化激励机制。

（四）政府激励

"一校一书"阅读推广活动，目前是由湖南省高校图工委组织实施的行业协同阅读推广活动，但这并不意味着跟政府职能部门没有任何关系。高校图工委是挂靠在省教育厅下的行业协会，教育厅对其具有指导的义务；在阅读推广活动中，教育厅作为国家职能部门，应该发挥其公共服务的功能，在宏观层面构建阅读推广的激励机制。首先，教育厅高等教育处作为主管部门，应该参与到阅读推广的各项活动中来，如动员、总结，对阅读推广活动进行具体的指导。这无论对组织方、实施方，还是参与者，都是一种激励。其次，教育厅可以颁布一些指导性的文件，构建全民阅读的政策环境，引导各高校重视大学生的阅读状况。第三，教育厅高等教育处应该将阅读推广纳入到本科教学评估体系、教学改革体系中来，以建立政府主导型的阅读推广长效机制。第四，作为连续两年写入《政府工作报告》的阅读推广工作，实质上已经纳入国家战略层面，教育厅可以设立阅读推广的相关奖项，如"阅读推广示范单位""阅读推广基地""阅读推广先进个人"，等等。

（五）物质奖励

自我激励、组织激励、社会激励、政府激励都是从精神层面给予的激励，要确保"一校一书"阅读推广活动的可持续性，还需要辅以物质层面的激励。物质激励是指运用物质的手段使受激励者得到物质上的满足，从而进一步调动其积极性、主动性和创造性。物质激励有奖金、奖品等，通过满足要求，激发其参与的动机。如前所述，物质激励也需要面向两个群体：活动的组织者与活动的参与者（大学生）。对于活动的组织者，每个学校都有一个团队组织"一校一书"活动，团队成员都有自己的本职工作，"一校一书"组织活动是兼职完成的，团队成员除核心成员外，其他成员流动性较大。对于这样的团队，物质激励可以考虑两种类型：对于团队核心的稳定性成员，各学校可以考虑在年度绩效奖励的分配上预留出一定的份额给予奖励；对于团队的非核心、流动性成员，可以考虑设计非经济性的绩效认可奖励，如一定价值的纪念品。对于活动的参与者，激励的目的有两个：一是让更多的大学生参与活动，好读书、读好书、精读书；二是学思并进，在读书中升华自己的思想，学以致用。因此，物质激励可以分层设计：参与设计与奖励设计。参与设计方面，可以通过虚拟组织如QQ群、微信群，以"发红包"等方式，吸引更多的大学生关注与参与，这种方式不重在金额的大小，而重在群聊话题的设计、红包发放时间与时机的设计。对于优秀的案例、读书活动、读书心得等有必要进行奖励，奖金不一定高，但有必要体现"惊喜"。例如，对于优秀的读书心得，组委会评出一、二、三等奖，发放一定数额的奖金，这是预先设定的规则，读者也可以预先知道。但把这些优秀的读者心得挂在网上后，经过一年时间，可以根据读者点赞、评论等社会反响再设计一次奖励，这时，参与者将会有"无心插柳柳成荫"的惊喜之感。

第四节　推广路径设计

湖南省高校图工委组织的"一校一书"阅读推广活动的目的有四个：一是在大学内推行经典精读，以提高大学生的文化素质、批评性思考的能力、创造力、表达能力和想象力；二是在大学生中创造一些话题，让大家跳出手机阅读这种快捷式阅读的方式，实现纸本书的阅读回归；三是在大学校园内营造精读、经世的氛围，提升大学教育的质量；四是通过广泛的媒体宣传，由学校辐射至社会，推进"书香社会"建设。鉴于此，"一校一书"活动在设计上采用了全媒体参与、推广的方式，其基本思路是：线上书目、线下阅读；线下活动、线上参与；跨媒体推荐、全媒体推广。

一、线上书目、线下阅读

"一校一书"阅读总书目不采用个人推荐的方式，而是通过主流媒体推荐或线上投票产生，总书目每年30~40种，确保各校能够从总书目中选择出适合本校师生特点、本校阅读主题的图书，同时又具有较大的弹性，使读者能够不局限于"一校一书"，可以在整个书目中寻找到个人喜欢的图书。此外，阅读的方式强调"精读"，要求读者了解图书写作背景、记住经典句子、掌握著作基本内容，进而能够分析其可应用的领域与途径、评价图书的优缺点，从而影响读者的价值观、信念与处世态度。

二、线下活动、线上参与

各校要组织读者开展如报告会、演讲赛、抢答赛、书评会、展示会、撰写读书心得笔记等多种多样的线下阅读活动，一是进一步讨论研究经典图书的"经世"之处，二是通过各种活动，营造阅读、精读的良好氛围。对于优秀的读书心得、阅读推广方案、经典活动项目、图片，挂在"一校一书"阅读网站上，供读者阅读、交流、投票、评论，深度参与到阅读推广活动中来。各校开展的线下活动如图 4-1、图 4-2、图 4-3、图 4-4。

图 4-1　湖南科技大学读书节启动仪式（摄影：郭连桂）

图 4-2　湖南医药学院新书现场外借（摄影：杨芳）

图 4-3　湖南大学图书馆"学生馆长"①交换仪式（摄影：陈有志）

图 4-4　湖南大学经典湖湘文化作品展览（摄影：杨飞）

三、跨媒体推荐、全媒体推广

在书目推荐与读者相互推荐精读图书的过程中，不能局限于传统媒体或者互联网，一方面，要通过期刊、报纸等传统媒体将推荐书目展示给读者，另一方面，

---

① 为推广阅读、鼓励大学生参与图书馆建设，2013年开始，湖南大学图书馆每年选聘一位学生馆长，任期一年。

要通过网络、移动互联平台(如微信、陌陌)使推荐书目与阅读精神深入读者之心。要借助报纸、期刊、网络、手机、电视、微电影等全媒体方式，将阅读推广成果向社会展示，使阅读推广效益最大化，营造全民阅读的舆论环境。

第五节 推广网站设计

"一校一书"阅读推广活动是一个跨平台、跨媒体、跨单位的协同读书活动，有必要建立一个统一的阅读推广网站，作为阅读推广活动与读者参与的交流平台。阅读推广网站应由两个部分构成。

一、阅读推广平台系统

阅读推广平台系统主要是为了搭建阅读推广的基础平台，并对"一校一书"阅读活动的具体事务进行管理，其主要功能如下：一是要搭建阅读推广组织框架，将阅读推广的组织机构、目的、流程、步骤等展示给参与人员；二是要建立阅读推荐书目数据库，将各类推荐书目以及每次"一校一书"推荐图书展示给读者，并设计必要的说明；三是要建立阅读推广的方案库与案例库，将每次每个学校的阅读推广方案以及优秀项目案例进行展示；四是建立读书心得库，将历届优秀的"一校一书"读书心得挂在网上，让读者能够回溯阅读；五是建立活动图库，将参加单位历次阅读推广活动的图片展示在阅读平台，以营造全民阅读的浓郁氛围。

二、阅读活动投票系统

阅读活动投票系统要能实现对以下三种材料进行网上投票：一是读者的读书心得，二是各校的阅读推广案例，三是优秀的阅读图像资料。同时系统要解决一些投票中的难题，如跨区域投票的问题、各学校的IP数量与控制问题、每台机器或者每个注册用户投票数量问题、刷票限制问题、投票的便捷性问题、投票系统与其他公众服务系统（如QQ、人人网等）的对接问题。投票网站首页见图4-5。

图4-5 湖南省高等学校"一校一书"阅读推广活动投票网站首页

第六节　学校阅读推广活动的设计

"一校一书"阅读推广活动总体方案设计好后，后续是对各校阅读推广活动的组织指导问题。一般有两种方式：一是各校将相关阅读推广活动按主题整合起来，形成"一校一书"阅读推广系列活动；二是由湖南省高校图工委设计《"一校一书"阅读推广活动指南》，各校因地制宜、因时制宜、因人制宜选择适合本校的具体措施。无论采用哪种方式，重要的是解决两个问题：阅读推广措施的选择、活动策划方案。

一、阅读推广措施的选择

"一校一书"阅读推广的组织方是湖南省高校图工委，但活动主体是各参与学校及其师生。因此，各校的阅读推广措施是否科学就直接关系到活动的成功与否。为了避免全省37所普通高校的活动单一刻板、缺少吸引力，在具体的阅读推广措施上，图工委没有做强制要求，以充分调动各校的想象力与创造力。根据两年的实践，各校阅读推广措施大体可以分为仪式类、讲座类、竞赛类、参与类、展览类、活动类、组织类七大类。仪式类如：阅读推广启动仪式、读书月启动仪式、文化节启动仪式，以及与之相对应的闭幕仪式或颁奖仪式。讲座类有：学术讲座、论坛、名人讲座、文化讲座、热点讲座等。竞赛类如：主题演讲比赛、图书知识趣味竞赛、征文比赛、微电影竞赛等。参与类如：读书心得、图书评论、"学生馆长"选聘、读者留言、读者献策、读者图书采选等。展览类如：阅读主题摄影作品展览、书画作品展览、新书展览、经典名著展览、损毁图书展览、推荐书目图展、经典电影展等。活动类如：图书（文字）灯谜活动、馆员与读者读书联谊活动、对联活动、志愿者主题活动等。组织类如：读书会、读者协会；也可以是无物理边界的虚拟组织，如读者微信群、QQ 群等。其活动片段见图 4-6、图 4-7、图 4-8、图 4-9。

图 4-6 吉首大学书谜竞赛
（摄影：朱长菊）

图 4-7 吉首大学读书讨论会
（摄影：罗海蓉）

图 4-8 吉首大学流动书车进苗乡
（摄影：李鸿雁）

图 4-9 中南林业科技大学馆长精读辅导
（摄影：章建文）

二、活动策划案起草

策划案，也称策划书，即对某个未来的活动或者事件进行策划，并展现给读者的文本。策划书是目标规划的文字书，是实现目标的指路灯。撰写策划书就是在现有的知识基础上开发想象力，在可以利用的现实资源中使目标最大化。"一校一书"阅读推广活动是历时八个月的系列活动，撰写活动策划案就显得尤其重要。由于活动周期长，子项目众多，在起草活动策划案时，宜采用"统一策划，分工成案"的原则。统一策划即八个月的阅读推广活动首先要有一个统一策划书；分工成案即策划书形成后，各子项目由分工负责人形成具有可操作性的具体实施方案。

（一）整体策划

整体策划需明确的主要问题是：活动的目的是什么？主题是什么？活动时间跨度有多久？活动的组织方是谁？活动的主要内容是什么？活动的时间进度如何安排？各子项目的任务分工如何落实？活动的经费预算有多少？经费在子项目中如何分配？活动的预期效果是什么？绩效信息如何收集？……整体策划主要从全局统筹阅读推广活动的内容与人、财、物、时间等资源的分配。

（二）实施方案

在整体策划的统筹下，对于各个阅读推广子项目，还要设计具体的实施方案。实施方案一般由子项目负责人根据统一要求起草制订。实施方案解决的问题更加具体，包括：前言（活动依据，一般是整体策划）、活动对象（读者范围）、活动具体时间（主要的时间段）、活动的组织实施人员（包括领导小组成员与执行组织）、活动地点（具体场所，包括第一场地与备用场地）、活动准备工作（包括人员安排、场地、氛围、嘉宾、后勤等）、活动时间安排表或议程、宣传方式（新闻通稿、媒体）、活动流程、分项资金预算、预期的效益、绩效信息收集表，等等。①

---

① 许建兰，成松柳. 高校图书馆阅读推广活动的整体策划与落实：以长沙理工大学图书馆为例[J]. 高校图书馆工作，2014（2）：13-16.

第七节 绩效评价

对图书馆的阅读推广活动进行"成本—效益"评估意义重大。通过评估，可以及时发现问题、总结经验，更好地指导以后的相关活动。为了避免因评价主体单一而导致评价结果失之偏颇，构建多维评价机制至关重要。

一、参与度分析

根据湖南省高校图工委秘书处的统计结果，在 2014 年 4 月份"世界读书日"前后，根据湖南省高校图工委《关于开展湖南省普通高等学校"一校一书——经典、精读、经世"阅读活动的通知》和中国图书馆学会《关于开展 2014 年全民阅读宣传活动的通知》要求，全省 37 所普通高校图书馆全部设计了阅读宣传方案，并不同程度地开展了阅读宣传活动，大部分高校根据指导书目产生了精读图书书目。在第二阶段，5 月至 9 月初，全省有 30 所普通高校进一步开展了精读活动，包括报告会、座谈会、电影、诵读、书评、读书心得、书签设计、书展、签名、灯谜、图书采选、排行榜、权益日、开放日、图书漂流等多种形式，其参与面占全省普通高校数量的 81%。在第三阶段，有 26 所普通高校对收集的读书心得进行了校内评比，并向湖南省高校图工委提出了参与网上评选的申请，参与面占全省普通高校的 70%。

表 4-2　2013—2014 年"一校一书"阅读推广活动参与学校统计表

阶段	时间	项目	参与学校数量与比例 2013 年	参与学校数量与比例 2014 年
第一阶段	04-01—04-20	阅读方案设计	37 所，100%	37 所，100%
第一阶段	04-21—04-30	阅读宣传或精读书目产生	37 所，100%	37 所，100%
第二阶段	05-01—09-10	精读活动组织实施	28 所，76%	30 所，81%
第三阶段	09-11—09-30	各校优秀读书心得学校评比	22 所，60%	26 所，70%
第三阶段	10-20—11-30	各校优秀读书心得网上评比	22 所，60%	26 所，70%
第四阶段	12-01—12-23	撰写活动总结与表彰	37 所，100%	37 所，100%

二、社会效益分析

"一校一书"阅读推广活动,不但带动了湖南省大部分普通高等学校参与阅读推广,更重要的是,这个活动形成了"蝴蝶效应",活动通过各学校的网站、互联网、移动网络、报纸、杂志、电视等媒体,使得阅读思想深入人心。以2014年网络投票参与为例,参与网上交流评选的有26所高校,参与文章688篇(2013年为759篇),其中图书馆职工199篇,师生489篇。通过10月20日至11月30日40余天的网上展示与评选,其基本数据见表4-3:

表4-3 2013—2014年"一校一书"阅读推广活动效益分析表

项 目	2013年 日均	2013年 总量	2014年 日均	2014年 总量
网站访问人次	7.23万	363.32万	6.58万	263.25万
注册投票用户	5339	26.69万	3813	15.25
投票数量	4559	22.80万	6400	25.60
篇均投票	7.51	300.4	9.3	372
异地ID投票比例	31%		34%	

第八节 几个需要深入研究的问题

一、目的问题

在整个读书活动尤其是投票的过程中,不时有人(有图书馆工作人员,也有读者)问起读书心得网上投票的公平性问题,甚至有人直接建议,把读书心得传上来后,由湖南省高校图工委组织专家进行评奖不是更加公平有效吗?这反映了一个目的错位问题。"一校一书——经典、精读、经世"阅读活动,其根本目的不是评优评奖,而是进行阅读宣传与推广,是参与问题。其更深层次的意义在于:引导读者从泛读走向精读;加强图书馆与读者的沟通,建立和谐的馆读关系;参与校园文化建设,促进大学的学风建设。所以,从这个意义上来说,我们举行这个活动不是为了评奖,而是为了激发读者参与,评奖仅仅是促进参与的渠道与手段,让更多的人参与进来才是最终目的。①

二、主体问题

湖南省普通高校图书馆"一校一书——经典、精读、经世"阅读活动,以湖南省高校图工委为组织实施单位,各普通高校图书馆为驱动主体。虽然很多学校,如湖南大学、湖南师范大学、湖南农业大学、长沙理工大学、吉首大学等有其他部门如宣传部、图委、学工部参与进来,但总的说来,还是图书馆为主体。这样的主体有优势,也有不利之处,优势是图书馆与阅读活动直接无缝对接,具有资源上的优势;不利之处是在各学校众多的活动中,仅以图书馆之力,难以调动大部分师生的参与热情与激情。因此,建立政府驱动的多元化主体是"一校一书"精读活动可持续发展的必由之路。

思考题

1. 请结合"一校一书"阅读推广活动,分析其与美国"一城一书"、新加坡"Read！Singapore"运动的异同。
2. 请谈谈现代意义上的经典包括哪些类型。
3. 图书馆阅读推广的具体措施有哪些?请分析其实施的难点。
4. 一项具体的阅读活动策划书应包括哪些内容?请以"名家讲座"为例起草一份活动策划书。
5. "一校一书"阅读推广活动的局限性与需要解决的问题有哪些?

延伸阅读书目

[1] 陈有志,赵研科.协同背景下的阅读推广体系实证研究:以湖南省高校"一校一书"活动为例[J].高校图书馆工作,2014(2):6-10.

---

① 陈有志,赵研科.协同背景下的阅读推广体系实证研究:以湖南省高校"一校一书"活动为例[J].高校图书馆工作,2014(2):6-10.

[2] 张建平. 大学图书馆阅读推广案例分析[J]. 高校图书馆工作, 2014(2): 3-5.

[3] 李艳萍, 鄢朝晖. 以学生社团建设为推手构建校园阅读文化: 以湖南师范大学图书馆历届读书月活动为例[J]. 高校图书馆工作, 2014(2): 10-12.

[4] 许建兰, 成松柳. 高校图书馆阅读推广活动的整体策划与落实: 以长沙理工大学图书馆为例[J]. 高校图书馆工作, 2014(2): 13-16.

第五讲

摄影展和年度好书推荐相结合的阅读推广

刘雅琼　肖　珑　张海舰　张春红　刘彦丽　唐　勇　张丽静[*]

【导读语】

还在开展形式单一的阅读推广活动吗？还在为费时费力办活动却收效甚微而失落吗？在这个注意力稀缺的时代，我们需要更新颖、更精彩的活动形式，以吸引读者的关注和参与，达到更好的活动效果。下面将以"书读花间人博雅——北京大学图书馆2013年好书榜精选书目/阅读摄影展"为例，探讨如何打造有创意、聚人气、有实效的阅读推广活动。

推广阅读是图书馆的天然职责和重要的工作内容，高校图书馆也不例外。为了在大学生中更有效地进行阅读推广，建设良好的校园阅读文化，国内很多高校图书馆已经进行了有益的实践探索，如同济大学图书馆的"立体阅读"，上海交通大学图书馆的"鲜悦"（Living Library）、IC^2人文拓展计划，华东师范大学的"移动阅读"等，都收到了较好的效果。[①]

但同时，我们也应看到：大学生的阅读活动正受到教育功利化以及网络传播方式变革所带来的外部挑战。面对来自专业学习和就业市场的压力，大学生的阅读活动普遍存在主题单一、工具性阅读多于心理支持性阅读等特点。[②]另外，随着互联网时代阅读内容、阅读工具的变化，网络阅读、电子阅读为校园"数

---

[*] 刘雅琼，北京大学图书馆研究支持中心用户素养教育主管，著有《国外高等教育信息资源共享的模式与运行管理研究》等文章。
[①] 苏海燕.大学图书馆阅读推广模式研究[J].山东图书馆学刊，2012（2）：52.
[②] 刘金涛，谭丹丹，孙阳阳.推动引导大学生课外阅读　培养提升终身学习能力：上海财经大学图书馆阅读推广案例研究[J].图书馆论坛，2013，33（3）：145.

字土著"群体所追捧,已成为与传统纸本阅读并肩而立的一种阅读方式,其碎片化、浅显化的阅读倾向也在很大程度上影响了大学生阅读的实际效果。[①]因此,如何激发大学生的阅读兴趣、吸引更多读者进行有效的阅读,就成为摆在高校图书馆面前的一道难题。

北京大学图书馆(以下简称"北大图书馆")一直致力于阅读推广,通过讲座、展览等多种形式的活动,倡导、吸引年轻人多读书;特别是2011年底馆里成立跨部门的宣传推广小组后,每年在"世界读书日"前后都会策划一系列精彩的主题活动,已成为北大校园文化的一个特色品牌。2014年4月,北大馆举办"书读花间人博雅——北京大学图书馆2013年好书榜精选书目/阅读摄影展"(以下简称"书目/摄影展"),在推荐30本好书的同时对应展出30幅模仿西洋读书图的摄影作品。这些照片以"阅读的少女"为主题,通过优雅宁静的读书场景传递"书读花间人博雅,腹有诗书气自华"的阅读理念。该活动富有创意地将好书推荐与优雅的阅读、摄影相结合,以读者喜闻乐见的图片模仿秀形式进行展现,一经推出就吸引了众多读者的目光,活动的人气和受关注度大大提升,后期的阅读数据分析也证明活动取得了较好的效果。下面就以该"书目/摄影展"为例,探讨如何打造有创意、聚人气、有实效的阅读推广活动。

第一节 回顾:从创意到实施的活动始末

阅读推广活动是一项系统工程,与图书馆的其他业务紧密联系、相辅相成,涉及图书流通、宣传推荐、咨询服务等各项工作,需要积极调动各方资源和各种人才,通力合作、共同完成。因此,北大馆成立了跨部门的工作小组,由主管副馆长牵头,从多媒体部、咨询部、流通部、特藏部、馆长办公室、资源建设部、古籍部、系统部、文献典藏与分馆办公室等部门抽调组员,并邀请阅读推广方面的专家担当顾问,通过定期组会的"头脑风暴",进行阅读推广活动的

---

① 吕学财.图书馆的阅读推广活动研究[D].长春:吉林大学,2011.

整体规划、设计与实施。此次"书目/摄影展"也是由该工作小组主导开展的。

一、策划阶段

大学校园生活十分丰富多彩，社团活动、专家讲座、各种竞赛等让人应接不暇，学生们的"注意力"成为一种稀缺资源。因此，在阅读推广活动的策划阶段，就应思考如何通过有创意的活动形式，激发读者的兴趣，扩大活动的影响。

北大图书馆以往的图书推荐主要以展板的形式呈现"书籍封面＋书目信息＋内容简介"等信息，表现方式较为单一，活动效果也有待加强。因此，在策划2014年世界读书日期间的阅读推广活动时，馆员们希望尝试一些新鲜的形式，以吸引读者的注意力。在一次"头脑风暴"会上，有馆员想到：近年来大学生模仿名画拍毕业照很受欢迎，比如北大光华管理学院学生模仿《最后的晚餐》拍的照片，在网上的点击量很高，所以他提议借鉴这种形式拍一组"读书图"，于是工作小组就初步确定了"精选书目＋阅读摄影模仿秀"的活动思路，希望通过书画结合的方式，引领读者进入精彩的阅读世界。

二、筹备阶段

在确定了"书目/摄影展"这一活动形式之后，工作小组就开始了正式的筹备工作。就好书推荐这部分的工作而言，图书馆已在以往的活动中积累了丰富的经验，完全可以胜任；但是模仿秀的拍摄工作需要摄影师、模特、专业设备和场地等，并不是图书馆擅长的领域，最好能委托给合适的合作方。北大图书馆一直十分重视与师生的沟通交流，和许多学生社团联系密切，其中就有校内著名的摄影社团——北大青年摄影学会。所以这次展览的拍摄就邀请了该摄影学会的四位摄影师，他们是北大小有名气的摄影爱好者，模特也都是北大在校学生，如此使得此次活动源于读者、贴近读者。

（一）展览内容的准备工作

推荐书目的选择方面，北大图书馆从中国图书馆学会阅读推广委员会的

"好书中的好书——2013 年 28 家好书榜精选书目"中挑选出 30 本适合大学生看的书,并附上书目信息和内容简介。这些书涵盖了历史、传记、政治、艺术、社会学等多个领域,包括《朱镕基上海讲话实录》《南非的启示》《大数据时代》《被禁锢的头脑》《出梁庄记》等。

读书图的拍摄方面,馆员从《阅读的女人危险》《今日阅读》等书刊以及网络上搜集、精选了以"阅读的少女"为主题的西洋名画 31 幅,作为模仿拍摄的对象。在前期与摄影学会沟通的时候,图书馆提出的需求是每一张照片中模特需以推荐书为道具,这样 30 幅照片对应 30 本推荐书,而且照片的色调、模特表情等各方面也要尽量配合书的内容。另外,油画中的阅读场景优雅唯美,然而要想将其还原实非易事,从模特的化妆、造型到画面的构图、色彩、光影等,都需要细心琢磨、反复调整。比如油画中每一位主人公的服装都不一样,但是拍摄时很难找到这么多的复古服饰;实际上,好些照片里模特本来穿的衣服是一样的,全靠后期 PS 加工。又比如,为了突出模特手中的书,所有的书本都是封面朝外,所以有的书是"故意"拿反的。有的书开本太大,为了方便拍摄,图书馆还特意制作了小开本的书。这些努力,都是为了呈现更好的视觉效果(图 5-1 展示了其中一幅照片与被模仿油画的对比效果)。

图 5-1 照片与油画的对比图

（二）展板的设计和制作

此次活动共有 31 块展板，其中有一块是序言展板，介绍活动的整体情况；其余 30 块展板分别展示 30 本书和对应的画作、照片。其版面设计经过几次调整改良，最终确定为图 5-2 所示的版式：推荐书的基本信息、内容简介占据主要篇幅，其中展板右侧是油画，上部悬挂相应的摄影作品，这样书、画、照片就很和谐地结合在一起了。

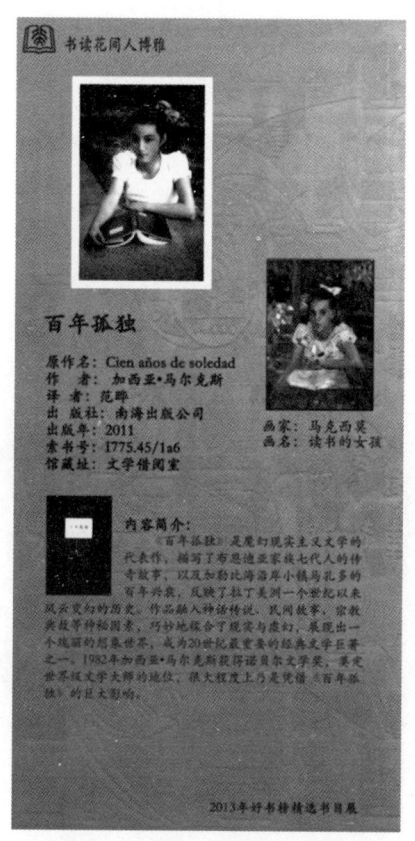

图 5-2 "书目/摄影展"的展板

三、正式开展阶段

"读书，在春天里，就像舞会刚开始，一次恰逢其时的邀请。读书，在博雅塔下，就着四月的微风，字句都浸染着花的浅香。读书，在未名湖边，心静得如同眼前这潭碧水,等着整本好戏慢慢上演。读书间隙,还可以看柳树抽出新芽,紫藤瀑布垂挂着梦幻,这是最好的读书天。""书目/摄影展"以这样一段话在2014年4月22日当天正式开启,一直持续到5月31日。

(一) 实体展览与网上微展览相结合

实体展览在图书馆一层的阳光大厅举办,这里是读者还书和检索网络资源的必经之地,人流量较大。数十块展板一字排开,内容丰富,图文并茂,一经推出就吸引了过往的读者驻足观看。

此外,图书馆还利用官方微博、微信、人人网账号,每天在线推出"一书一图一介绍"的网上微展览。微博发布时以"书读花间人博雅"阅读摄影微展览为话题,介绍图书和照片的基本信息,并且以长微博的形式展示具体内容和图片——短文配好图,符合网民的信息阅读习惯。

(二) 全方位、立体化的宣传造势

酒香也怕巷子深,所以适当的宣传是必不可少的,应综合利用传统媒介与社交网络,对阅读推广活动进行全方位、立体化的宣传造势,以增强活动的影响力。一方面,设计精美的纸质宣传品,并通过张贴海报、放置展板、分发宣传折页和纪念书签等方式,为活动积攒人气。另一方面,图书馆也尽量贴近读者的信息获取习惯,积极扩展网络宣传渠道:在北大新闻网、未名BBS、图书馆主页以及官方微博、微信、人人网等平台上发布活动预告,并通过微博等实时报道活动进展、和参与者互动,图文并茂地呈现活动成果。

(三) 邀请读者参与,重视互动交流

要使阅读推广活动真正引起读者共鸣,就需放弃以图书馆为中心、"自说自话"的行为模式,要从读者的角度思考问题,重视与读者的交流,强调活动的参与性、互动性与分享性,使读者从纯粹的围观者变成参与者。

网络社交媒体是与读者互动交流的一个极佳平台。"书目/摄影展"在官方

微博上设置了相应话题——"'书读花间人博雅'阅读/摄影微展览",实时跟踪活动进展,积极与参与者互动。该话题引来网友纷纷点赞,不少网友还给予了热情回复,如"美!读书美!","好有一种'凌晨四点醒来,发现海棠花未眠'的感觉","各种有创意的想法,推广阅读。希望国人能越来越重视阅读",等等,还有校友在网上相约"咱们也回去看看吧"。

第二节 总结:评估活动的成败得失

阅读推广活动是否达到预期效果、读者的阅读收益和满意度如何,都是主办者应该关注的问题。应该通过收集相关的数据、信息来评估活动的实际效果,总结活动的成败得失,并形成评估报告,为以后开展同类型活动提供参考依据。

一、活动效果

(一)读者反馈

由于创意独到,展览一经推出就获得了极大的关注和好评。展板集中放置在图书馆一楼的阳光大厅一侧,基本上每个经过的读者都会停下来观看、拍照,一个多月间到馆参观人数至少有四万。世界文学学会会长、文学评论专家、北大外国语学院世界文学研究所赵白生教授称赞说,"推荐书目以及推荐的形式非常好"。网上微展览也同样受到了欢迎,每天都有网友在微博上热情回复对相关图书的阅读心得和点评(见图5-3)。我馆根据网页上的数据粗略统计了每一篇微博的阅读量,显示这次微展览总的阅读量为280684次[①],可见这次活动在网上的关注度也很高。

[①] 北京大学图书馆王立朋统计并提供此数据。

图 5-3　网上微展览中网友的留言

（二）媒体反馈

除了读者的好评外，媒体的反馈也很热烈。校内媒体方面，北京大学官微和北大未名 BBS 官微在活动期间不断转发图书馆的相关微博并评论道："真是太美了，这样的同学就在身边，北大女生仿名画拍读书图，倡导阅读，展示学养博雅之美""不论时代如何变迁，书本的内容如何变化，对书的热爱仍然跨越地域，读书的姿态依然美丽如斯""借一段静好时光，掬一捧似水流年。一卷雅书，二三闲思，弄书香满衣"。因为这两个官微粉丝众多，在校内甚至在校外都有较大的辐射面和影响力，所以对它们的转发实际上也大大提高了活动的影响力。

此外，新华社图文中心[1]、《北京青年报》[2]、《大学生》[3]、《图书馆报》[4]等媒

---

[1] 陈安迪. 阅读之美，弄书香满衣：北大"书读花间人博雅"好书推荐暨阅读摄影展 [EB/OL]. [2015–03–5].http://www.cicphoto.com/yxwh/symj/201406/t20140605_275675.html.

[2] 冯美娜. 读书之姿美如斯 [EB/OL].[2015–03–05].http://epaper.ynet.com/html/2014–05/11/content_标 575 28.htm?div=-1.

[3] 张蕾磊. 书读花间人博雅 [J]. 大学生，2014（13–14）：104–106.

[4] 解慧. 书读花间人博雅：记北京大学图书馆 "2013 年好书榜精选书目 / 摄影展" [N]. 图书馆报，2014–05–02（A08）.

体也对活动进行了大篇幅的报道,《大学图书馆学报》从 2014 年第 2 期开始在封底刊登本次展览所摄读书图。

图 5-4 《北京青年报》对"书读花间人博雅"阅读推广活动的报道

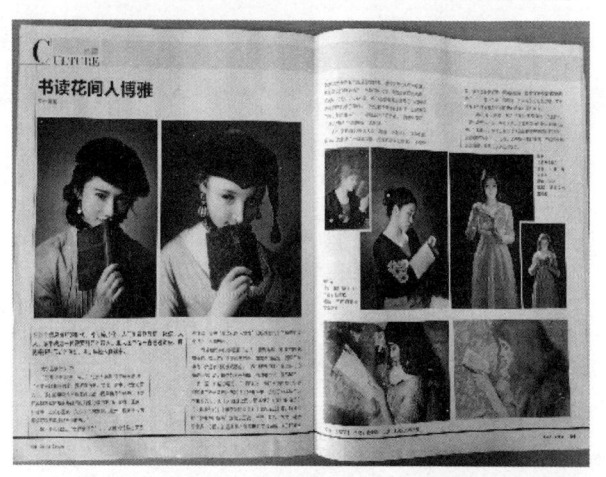

图 5-5 《大学生》杂志对"书读花间人博雅"阅读推广活动的报道

(三)实际效果

此次展览也显著提升了被推荐图书的受关注度和借阅量,使得图书馆阅读推广工作不再停留在推荐层面,而是进一步取得了实际效果。

北大图书馆的 OPAC 统计数据显示:30 种被推荐书的总借阅量大幅提高,借阅总次数为 1011 次;平均每本书的借阅次数约为 34 次,其中排在前三位的是《百年孤独》(112 次)、《致我们终将逝去的青春》(107 次)、《邓小平时代》(93 次),远远高于其他图书的借阅次数。

另外,图书馆统计了这 30 本书的借阅册次的对比情况(如图 5-6 所示),其中空心柱代表这本书自入馆以来平均每两个月的借阅量,斜条纹柱代表该书在展览的两个月期间的借阅量,可以看到,大部分书在展期中的借阅量都有所提升。这说明本次活动有效地推动了读者的借阅行为。

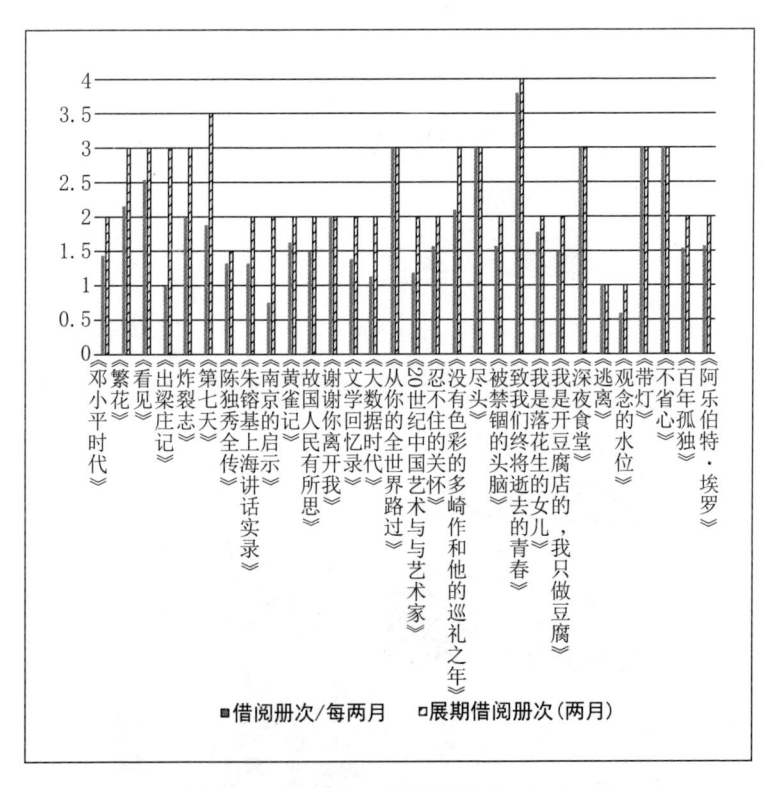

图 5-6 30 本推荐书的借阅册次对比图

（四）获奖情况

此次"书目/摄影展"也受到了图书馆届同人的肯定，在中国图书馆学会阅读推广委员会主办的"2014年高校阅读推广活动"优秀案例评比活动中，荣获一等奖。

二、亮点与不足

总的来说，这次阅读推广活动亮点颇多。一是内容丰富，既推荐精选中文好书，又推荐西方有关阅读名画，中西结合，书画结合，对同学们提升文化素养、知识素养和艺术素养均有帮助。二是与用户协同，贴近用户。此次活动由图书馆倡导，同时与北大学生社团——北大青年摄影学会合作，摄影师、模特均为在校学生，作品中的读书模特大方优雅，展览充满青春朝气，贴近学生，吸引学生。三是形式新颖独特，读者喜闻乐见。此次活动富有创意地将好书与以阅读为主题的摄影作品相结合，以读者喜闻乐见的模仿秀形式进行展现，使活动的人气和受关注度大大提升。四是多种媒介结合。活动采取馆内实体展览和社交媒体微展览相结合的方式，除了在校内引起热烈反响外，在微博、人人网、微信等社交媒体上也得到了众网友的热情关注。此次的"微展览"是北大图书馆通过网络社交媒体推广阅读的一次积极尝试，有助于提升图书馆在网民中的知名度和影响力。五是具有一定的社会影响力。此次活动在社会上引起了广泛关注，新华通讯社、《北京青年报》、《大学生》等主流媒体的报道更是扩大了活动的影响力，塑造了北大图书馆积极推广阅读的良好形象，对提高公众的阅读兴趣、加强公众的阅读活动大有裨益。

当然，这次活动也有一些可改进的地方。比如推荐书目展主要是以展板为载体介绍每本书的基本信息、大致内容、各方评论，并附上馆藏位置。然而对于读者来说，如果展板下就摆放着该书、可以随手翻翻的话，相信会更直观，也更便于他们找到真正心仪的书。当然，实物展览的不便之处在于安保工作，如果条件允许的话，可以单独辟出一个小阅览室作为推荐书目的固定展厅，以改善读者的活动体验。

第三节 启示：创意为先，实效为王

以上从活动的策划、筹备、开展、评估等方面，详细介绍了北大图书馆2014年世界读书日前后的"书目/摄影展"的实施过程和活动效果。通过这个案例，我们可以得到一些开展阅读推广活动的启示。

第一，读者是阅读推广活动的受众，因此首先应该思考如何吸引他们的注意力。一是在活动的内容和形式方面，为避免读者产生"审美疲劳"，可通过阅读摄影展、经典电影选映、讲座视频点播、网络微展览等多样化、有创意的活动，丰富读者的观展体验。在选择活动形式时，应综合考虑读者需求、图书馆的馆藏特色与人才储备等因素。另一方面，应放弃图书馆"自说自话"的行为模式，重视与读者的交流，强调活动的互动性与分享性，使读者真正参与到活动中来。

第二，除了以读者为中心，在活动内容和形式方面力求创新外，还需要综合利用传统媒介与社交网络，进行全方位、立体化的宣传，以增强活动的影响力。

第三，无论是通过创意吸引读者眼球、鼓励读者参与，还是线上线下相结合的大力宣传，最终目的都是使阅读推广活动收到实效。所以在活动结束后，要及时汇总、整理相关数据、信息，评估活动效果，总结经验教训，以便今后更好地开展工作。

当然，通过推广阅读来促进读者阅读习惯的养成、阅读文化的建设，非一两次读书活动就能做到，所以阅读推广不应是应景、应时的节日型、运动型活动[1]，必须建立可持续发展的机制。一是注重活动的系统性、整体性，通过短时性的特色活动形成品牌效应，通过长时性的常规服务保证活动的持续性，两相配合，以点带面，层次分明，持续吸引读者的注意，真正营造良好的阅读氛围。二是配备相对稳定、各有所长的跨部门团队，以胜任统筹安排、文案撰写、美工设计、宣传推广等各环节的工作。三是争取稳定的经费支持，

---

[1] 王波. 图书馆阅读推广亟待研究的若干问题[J]. 图书与情报，2011（5）：34.

保障阅读推广活动的长效发展。四是积极寻求与校内机构、学生社团以及社会力量的合作，提升阅读推广活动的参与面与影响力，同时为活动的长期开展注入更多活力。

思考题

1. 请结合本馆特点和读者需求，设计几种比较有创意的阅读推广活动形式。
2. 一次阅读推广活动主要包含哪几个环节？每个环节中需要注意哪些方面的问题？
3. 推广阅读，应注重活动的实际效果。请参考教材中提到的评估指标并结合自己的思考，建立适合本馆的活动评价指标体系。
4. 为提升阅读推广活动的丰富性和影响力，图书馆在开展活动时可积极寻求与馆外力量的合作。请调查了解校内的学生社团，列举出几个适合合作的社团，并设想具体的活动内容和合作方式。

延伸阅读书目

[1] 王波. 中国古代传世画作中的读书图初探[J]. 图书馆，2015（2）:10-16.
[2] 杨莉，郭晶. 高校图书馆阅读推广活动的设计与实践[J]. 图书与情报，2014（5）: 34-38.
[3] 李园园. 高校图书馆阅读推广机制研究：以同济大学图书馆立体阅读为例[J]. 图书馆学研究，2014（7）: 85-88, 96.

第六讲

读书·阅人——"真人图书馆"阅读推广

胡益芳[*]

【导读语】

  我们每天都在阅读纸质书或电子书，那么你阅读过真人图书吗？在真人图书馆，你可以和一本会说话的"书"进行面对面的交流，随时翻页、及时提问、实时交流。每个人都是一本厚重的、值得细细品读的书，而阅读别人的过程也是发现自己、充盈人生的过程。下面将以浙江师范大学为例对真人图书馆做一番介绍，希望这一有益的、有效的、有趣的阅读推广活动能够得到更大范围的推广。

第一节 国内"真人图书馆"概述

  "真人图书馆"起源于丹麦，后来这一形式被世界上越来越多的国家采纳和推广，席卷全球，近些年来在国内如火如荼地开展起来。国内的"真人图书馆"活动组织者主要有高校图书馆、公共图书馆、社会公益机构、个人。

  在中国，最早开展"真人图书"活动的是上海交通大学图书馆。该馆于2009年3月举办的"薪火相传Living Library"活动是国内首次"真人图书"活动。此后，高校图书馆凭借其丰富的"真人图书"资源、良好的阅读氛围和可便捷使用的活动场地这些开展"真人图书馆"活动所需的丰厚土壤，成为该活动的先驱和主力军。根据目前网络媒体的不完全统计，截至2014年初，国内共

---

[*] 胡益芳，浙江师范大学图书馆馆员，在《大学图书馆学报》《图书情报工作》《图书馆建设》等刊物发表论文8篇，主持或参加多项课题。

有18家高校开展了"真人图书馆"活动。

公共图书馆也把"真人图书馆"活动列入本馆的服务项目中,虽然起步较晚,但是凭借其自身优势,发展势头良好。公共图书馆的服务面向所有的社会人员,因此它的服务对象类型众多,老人、儿童也属于其服务范围,在纸质文献对人们的吸引力越来越弱的情况下,Human Library 的出现可以弥补这个不足,利用真人图书与读者进行面对面的、直接的知识传递。2012年4月,重庆图书馆在"世界读书日"进行了一场"真人图书馆"活动,开创了中国公共图书馆参与此服务领域的先例。南京市六合区第二图书馆甚至举办了"少儿真人图书馆"活动,让孩子们充分感受阅读的快乐,更直接地体验"书籍"的温度和情感,更深刻地品味"书籍"中所包含的知识和经验。越来越多的公共图书馆意识到开展"真人图书馆"活动的意义和价值。

社会公益机构为组织者的"真人图书馆"活动从2011年起就在全国各地陆续开展起来。其中比较有代表性的是荒岛图书馆。荒岛图书馆是国内规模最大的由社会公益组织创建的"真人图书馆",活动经费依托于"乐创意社区"的资金补贴。目前荒岛图书馆已遍布全国60多个城市。然而,经费问题成为这一组织类型图书馆面临的最大障碍。

以个人为组织主体的"真人图书馆"也在积极开展真人图书活动,它们大多有明确的主题,活动的开展频率较高,"真人图书"和志愿者有完整的培训手册,在长期的实践过程中总结了一套完整的活动流程。国内比较知名的有 I think 真人图书馆、星辰海图书馆、青柚真人图书馆、兔脚真人图书馆、ME LIBRARY、CANDY LIBRARY 等。

在互联网技术迅速发展和移动阅读悄然兴起的今天,人与人之间的沟通和交流越来越少,"真人图书馆"的存在有着重要的意义,它打破了传统的借阅方式,通过借阅"真人图书"为读者提供开放式的自主交流学习环境和人性化的服务,促进人与人之间的沟通。

下面将与大家一起分享浙江师范大学创办"真人图书馆"、开展"真人图书馆"活动的经验。

第二节　浙江师范大学"真人图书馆"

浙江师范大学图书馆一直比较重视阅读推广工作。首先，自2009年始，每年都举办"读书节"活动，依托"读书节"开展名家讲座、主题书展、读书征文、读者辩论赛等丰富多彩的活动，并常年举办大型主题书展、新书推介活动，力图激发学生的阅读兴趣，营造良好的校园阅读氛围。其次，创办图书馆内部刊物《图文资讯》，以刊物为阵地，每期都会邀请博士、教授推荐大学生阅读书目，同时刊登各类获奖图书信息，为同学们提供值得一阅的书籍资源。同时邀请老师和学生们，抒写自己的阅读感受，从而感染更多的学生进行书籍阅读。最后，在微博、微信等新媒体上推荐引导学生阅读的文章，全方位提升阅读推广宣传的深度、力度和广度。在2013年7月，我校图书馆面向全体在校学生举办了"寻找书飞的印记——校园图书漂流"活动，得到了广大学子的积极响应，该活动后来获得中国图书馆学会阅读推广委员会"高校阅读推广活动优秀案例"二等奖。

为进一步促进阅读，助推"书香校园"建设，2014年初我馆成立了阅读推广部，积极策划新的有创意的阅读推广活动，最终确定举办真人图书馆（Living Library）。于是我校于第六届"读书节"期间成立了"真人图书馆"并成功举办了第一期真人图书面对面活动。将一个人作为一本书供读者"借阅"，这一新颖的图书样式一经推出就吸引了读者好奇的目光。实践证明，这一活动得到了读者的一致认可，也受到了校内外媒体的广泛好评。下面就从第一本"真人图书馆"的创意与亮相、浙师大"真人图书馆"活动进展情况、活动效果与展望以及启示四个方面对我馆"真人图书馆"活动做一番梳理。

一、从创意到"真人图书"的首次亮相

从活动的策划、筹备到活动的开展，阅读推广部的工作人员都精益求精，力图为大家呈现最为完美的活动。

（一）策划阶段

如何将阅读推而广之？有哪些更加丰富多彩的推广形式？怎样的形式是于读者最有益处的、是被读者所喜爱的？这些都是浙江师范大学图书馆人一直在思考的问题。

深受国内外开展的"真人图书馆"活动的影响，我馆早在2012年就提出并酝酿举办"真人图书馆"活动，直到2014年终于把这一想法付诸实践。出于增师大学子见闻，消除师大不同人群之间的认知壁垒，在平等对话的基础上促进人们了解人生的多种可能性，构筑对世界的更加理性和多元化的认知[①]的目的，我馆开始紧锣密鼓地策划"真人图书馆"系列活动，决定由流通阅览部牵头建立"真人图书馆"。除了寒暑假，"真人图书馆"活动计划每月举办一期，每一期都有一本"真人图书""上架"；读者在预约成功之后，就可以在固定的时间内进行图书的"借阅"。从纸质书到"真人图书"，馆员们希望这一新鲜的尝试能够吸引读者的注意。

（二）筹备阶段

1. 征集"真人图书"

2014年4月在第六届"读书节"来临之际，我馆在网上发布了征集"真人图书"的信息：只要你拥有自己独特的故事、生活经验或看问题的视角，并愿意与人分享，不管你是教授、老师、学生、校友，还是只是生活在师大的"普通人"，没有年龄、性别、国籍、贫富、声名等的限制，你都可以报名成为我们的"真人图书"。鉴于"真人图书"这一新鲜样式对于大众来说比较陌生，为了确保这一活动在读书节顺利开展，在发布消息自愿报名（从图书馆主页下载、填写并提交报名表）的同时，我们也主动"寻求"与"探访"，积极与校内各领域的名师联系，包括来自领导、同事、朋友的推荐与介绍，邀请他们出任图书馆的"真人书"。经过一个多月的征集、采访和筛选，我校的"真人图书馆"已经储备并"装

---

① 浙江师范大学图书馆. 浙江师范大学第六届读书节之"真人图书"征集[EB/OL].[2014-04-08] http://lib.zjnu.edu.cn/s/30/t/5/b3/74/info45940.htm.

订上架"了10多本"真人图书"。本校教授、留学生、校友、校外学者、企业经理等，各种身份的人都有；"图书"内容涵盖了历史地理、文化教育、创新创业等领域。当然，所有"真人图书"都是公益性的。

2."真人图书"的"包装"

我们为每一本"真人书"设计了封面，封面的内容包含"真人图书"书名、主题、简介与照片（见图6-1）；海报样式相较于封面更为丰富，在书名、照片的基础上还添加了真人标签、"出版"的时间、读者"借阅"的地点及具体手续（见图6-2）。版面设计几经修改完善，力图为读者呈现最好的面貌。

图 6-1　第一本"真人图书"封面　　　　图 6-2　第一本"真人图书"海报

3."借阅人"的吸纳

有了"真人图书馆"，那必定还得有"借阅"的人。然而对于"真人图书馆"这种创新的阅读形式，我校的大学生和教职员工知之甚少。因此，必须加大活动的宣传力度，以确保"借阅人"的加入。在每场"真人图书馆"活动开始前，我们都进行了积极的宣传造势：在图书馆网站通知公告栏及"浙师图文"微信、"浙江师范大学图书馆"微博、人人网等平台发布"真人图书馆"活动预告，同时浙江师范大学官方微博和微信也会不断转发"真人图书馆"的相关信息。因为这两个账号粉丝众多，影响深远，所以在一定程度上大大提高了"真人图书馆"活动的知名度和影响力。此外我馆还在学生公寓及校园内人流量较大的地方展出海报，吸引读者眼球。需要"借阅"的读者要提前办理预约，预约地点在图书馆总出纳台，持本人的校园一卡通办理预约。这样也是为了把每次"借阅"的人数控制在20人以内，以实现更好效果的真人阅读。预约成功之后，读者便可在借阅时间进行"借阅"。

（三）正式开展阶段

在正式开展阶段，我馆"真人图书馆"活动的模式一般是：主持人介绍＋嘉宾主讲＋读者提问。嘉宾讲述一般是嘉宾就自己的专业研究领域、人生阅历等方面与读者进行分享，读者在嘉宾讲述完毕后就自己感兴趣的问题与"真人图书"进行交流。"真人图书"最突出的一个特点就是"借阅"者在翻阅"书籍"的过程中可以在任何自己感兴趣的地方停留，进行进一步的提问、了解。下面就以我馆第一本"真人图书"的面世为例，说明活动具体的开展过程。

浙江师范大学首本"真人图书"如约在2014年5月29日晚与大家见面。他是人文学院中国史硕导龚剑锋，也是师大"十大藏书家"之一。他家的墙，从客厅、书房到卧室，从地面到天花板，都做成了书柜，他还专门把别墅作为藏书楼。龚老师是一个"百科全书"式的学者。"阅读"龚剑锋前，每个"读者"先向"书"进行自我介绍。每个人刚说完家乡地名，龚剑锋便像翻开脑袋里的《地名词典》一样，反客为主地介绍起大江南北的名人奇士、山川风物。"兰溪码头，义乌拳头，永康榔头，东阳斧头……"龚剑锋给金华下辖的每个县市一个形象的比喻，指的是兰溪的两江水路码头，义乌人尚武敢闯，永康的五金工艺，东阳的建筑木雕……在活动现场，龚老师很放松，为读者带来了精彩的"阅读"内容。原定"阅读"时间为一个半小时，聊得超了半个小时，但龚老师仍旧说自己"不过瘾"。

"真人图书"和普通书籍最大的区别在于"书本"不仅"能说会道",还能让读者插话、当面回答读者的问题,进行实时交流,读者有权随时翻到"书"的任何一页,挑自己最喜欢的部分"阅读"。开始我们也很担心读者会比较拘谨,和真人图书交流不起来。事实上,读者们的表现完全超出了我们的预期,活动现场他们很放得开,有什么说什么,读者们竞相"阅读","借阅"过程在一个轻松自由的氛围中进行。在活动最后,"真人图书"还会留下联系方式,相约下次再聚。

"真人图书"面对面是我校第六届"读书节"的活动之一,今后将作为一个常规性的阅读推广活动定期和大家见面。

(四)后期总结宣传阶段

每次活动结束后,我们会对活动进行评估,及时地了解参与者的意见反馈,并请他们提出宝贵建议,作为我们不断改进的依据,从而使我们的真人图书活动日臻完美。为了提高真人图书的影响力,除了在活动前广为宣传之外,在每本真人图书被"借阅"后,我们同样会进行积极的宣传。在图书馆首页、"浙师图文"微信、"浙江师范大学图书馆"微博同时发布新闻,推动各媒体平台进行转发宣传,并在图书馆刊物《图文资讯》上发表"真人图书馆"活动进展情况。

二、浙师大"真人图书"馆活动进展情况

浙江师范大学图书馆借鉴国内外图书馆界新兴的"真人图书馆"的形式,精心组织"真人图书馆"活动,通过人书互动,弘扬阅读精神,建设阅读推广平台,营造"书香校园"。截止到 2015 年 4 月底,浙师大图书馆已经成功举办了十期"真人图书馆"活动,具体情况如下:

表 6–1　浙江师范大学各期"真人图书馆"活动统计表

活动期数	活动开展时间	"真人图书"名称	"图书"作者
第一期	2014–05–29	《文史地——我的精神家园》	龚剑锋
第二期	2014–06–30	《中国梦，非洲梦》	李舒弟，张沙飞（非洲籍）
第三期	2014–09–25	《深思好问，读出自己》	李贵苍
第四期	2014–10–27	《吟诵：寻找古诗词的韵律之美》	魏嘉瓒
第五期	2014–11–20	《打开语文教改之门》	王尚文
第六期	2014–12–23	《行走在中西古今之间——我的人文之思》	王锟
第七期	2015–01–26	《摄影——美的探索》	施宗全
第八期	2015–03–20	《美丽人生与礼仪文明》	李翔翔
第九期	2015–04–15	《奇趣3D生活》	陈铮铮
第十期	2015–04–27	《网络时代的读书生活》	钱淑英，马俊江，常立

首本"真人图书"是浙师大人文学院龚剑锋教授，他对人文地理颇有研究，因此把自己这本"书"取名为《文史地，我的精神家园》。龚老师不仅对浙江本省各个县市的历史沿革、人文风情了如指掌，就是外省的地方，龚老师也如数家珍，娓娓道来。他还和大家分享了他对浙江师范大学历史发展的研究，为我们展现了一个地方史专家广博的学识。第二期"真人图书馆"活动邀请的是美术学院的李舒弟老师和来自喀麦隆的留学生张沙飞。他们用自己的亲身经历，为大家讲述了"中国梦，非洲梦"。李舒弟老师是旅居南非的艺术家，在南非的求学经历对他的艺术创作产生了深远的影响。张沙飞则用英文讲述了他的祖国的宗教信仰、风俗民情、教育文化等。第三本"真人书"是李贵苍教授，他为大家带来了"深思好问，读出自己"的讲述和交流。李老师阐述了他对知识的认知和理解，并认为在网络信息时代，我们应重视个体自我对文本的"独一"的解读和发现，解构权威，尊重个性，读出自己。第四本"真人书"是魏嘉瓒先生。魏先生此次讲述的题目是"吟诵：寻找古诗词的韵律之美"。魏先生为我们带来了有关"吟诵"的极具古典风味的饕餮大餐，并在现场教大家吟诵了《诗经·关雎》《木兰辞》等诗篇。第五本"真人书"王尚文教授是广受大家

第六讲 读书·阅人——"真人图书馆"阅读推广

尊重的老学者。他几十年来在中学语文教育和唐宋诗词研究领域孜孜不倦地探索，为我国语文教育改革事业耕耘不懈。他为大家带来的讲述题目是"打开语文教改之门"。语文是什么？语文教学的出路在哪里？王老师分享了他的看法。第六本真人书是法政学院教授王锟老师。"行走在中西古今之间——我的人文之思"是他对自己的命名。王老师主要讲述了他对先秦诸子、四书五经一直到宋元明理学经典著作的研读历程，并介绍了他近年来围绕儒学所做的工作：儒学与现代性相关的问题，儒学与马克思主义的会通问题，朱子理学及其与怀特海过程哲学的比较与融会问题等。第七期"真人图书馆"活动的嘉宾是施宗全老师，施老师讲述的题目是"摄影——美的探索"。施老师说，他的人生经历可以分为两个阶段，一个阶段是摄影，一个阶段是房地产管理。摄影对于施老师来说，是一段难忘的经历和难舍的情结。施老师现场拿出了他封存了二十余年的作品，一一和大家分享，讲解每一幅作品的寓意，并和大家分享了他在摄影上的一些心得。施老师后来投身房地产行业，他说，做事情要做一行爱一行，在这一行做成功了，在另外一个行业也会做得很出色。第八本"真人书"李翔翔老师为大家阐释了她对"美丽人生与礼仪文明"的理解。李老师着重强调了她对人生几个关键词——善良、交友、工作、婚姻的理解。除了内在素质的修炼和养成，外在礼仪技巧对人的生活也是必需的。第九本"真人书"是浙江闪铸三维科技有限公司总经理陈铮铮。她较为详细地给读者朋友介绍了"什么是3D打印技术""3D打印的历史""3D打印的精彩案例"，讲解了3D打印在各个行业以及在日常生活中的运用。她的讲述引起了大家极大的兴趣，大家纷纷就3D打印技术在未来的发展、行业发展空间等内容同她做了交流。第十期"真人图书

图6-3 第十本"真人图书"海报

109

馆"活动与往期不同，同时邀请了三位老师做嘉宾。他们是来自人文学院的70后年轻学者马俊江老师、常立老师和钱淑英老师。三位老师从自己的经历出发阐述了自己对于网络时代读书生活的看法。活动吸引了百余名读者参与，大家就应该选择什么图书、怎样解决写作中的瓶颈、怎样看待自媒体等问题与在座的老师进行了交流。

除了这十本已经被"借阅"的图书，还有多本"真人图书"已被"装订"，等待"上架"，他们身份不同，有着自己独特的故事、人生经历，都是值得阅读的好"书"。

图6-4 第十本"真人图书"活动现场照片

三、活动效果与展望

阅读推广活动是否达到了预期效果、读者的阅读收益和满意度如何，都是主办者应该关注的问题。读者的满意是对我们的肯定，读者的不满则是我们前进的动力。我馆对各方面参与者进行了活动后的调查研究，从反馈来看，总体而言，"真人图书馆"受到了读者和媒体的广泛关注和一致好评，但也存在问题和有待改善的地方。这将激励我们精益求精，继续推出"真人图书馆"这一鲜活的、有益的阅读推广模式。

（一）活动效果

1."真人图书"反馈

"真人图书"本是作为一本"书"向"借阅"者分享自己独特的人生经历，受益的是"借阅"者；但由于"真人图书"独特的"借阅"方式——交流，不仅读者能聆听经验，收获知识，"图书"也在和读者的交流中加深了思考，收获了快乐。正所谓"一千个读者有一千个哈姆雷特"，也就是说一本书在被作者完成之后，它还是有被读者无限解读的可能的。作为"借阅"者的大学生们充满青春活力，思维活跃、视野开阔，这样面对面的交流也给"真人图书"本身带来了不一样的人生体验；"图书"被解读的过程也是一个自我丰富完善的过程，"书"在答疑解惑的对话中了解了读者的个性与兴趣，也会有所收获。两者的互动交流可谓是一种互利共赢的模式。

2.读者反馈

由于创意独到，"真人图书馆"活动一经推出就获得了关注和好评。跟平常上百人的讲座相比，"真人图书馆"这样的交流形式规模小，互动性更强，私人体验也更丰富，也迎合了年轻学子渴望了解社会、了解外面的世界和丰富个人体验的需求。每本"真人图书"都有足够的读者前来"借阅"，有些读者甚至深为遗憾：因为不得超过20的人数限定无法"借阅""真人图书"。在活动的过程当中，每位读者都与自己心仪的"图书"进行了热烈的交流，甚至觉得交流的时间太短，还不"够味"。很多"借阅"者都表示期待之后能再次"借阅"，以后若有自己感兴趣的"真人图书"也会积极"借阅"。这种有别于纸质阅读和纯课堂教学的交流给读者带来了别样的感受：既开阔了视野，获取了知识，同时也发现了自身的不足。有读者说，"读了这本'书'才知道自己平时知道的东西太少，视野太狭隘，真的要多补补课"，"觉得自己的知识视野过于狭隘，不能把知识融汇运用成为体系，现场讨教一番后，感觉很新鲜，收获良多……"，等等。不少读者受了"真人书"的启发，决定以后一定要加强阅读。

3. 媒体反馈

除了读者的好评外，媒体的反馈也很热烈。校内媒体方面，浙江师范大学新闻网第一时间对"真人图书馆"活动进行了宣传。

此外，《浙江日报》《钱江晚报》《浙中新报》《金华日报》《金华晚报》及浙江省教育厅网站等媒体对活动进行了大篇幅的报道，图书馆界相关媒体对报道进行了转载刊登。

总的来说，"真人图书馆"阅读推广活动取得了不错的成绩。校内外媒体对本次活动的大力宣传不仅仅推广了"真人图书"，还提高了浙江师范大学图书馆在业界及社会上的知名度和影响力，塑造了浙江师范大学图书馆积极进行阅读推广的良好形象。"真人图书馆"活动的推出，丰富了图书馆的馆藏资源，让读者们除了可以在图书馆接触到传统的印刷型、数字型资源，还可以接触到"思想型"资源，这无疑对提高读者的阅读兴趣大有裨益，而这也是浙江师范大学图书馆举办此活动的出发点所在——"真人图书"是为了吸引读者的归来。近年来，纸质书受到电子书的强烈冲击，很多学生选择在电脑、手机、iPad 等电子设备上阅读自己喜欢的书籍，成为现实生活中的"屏奴"。这让浙江师范大学图书馆馆长陈玉兰教授很忧心："一方面，长时间盯着屏幕会损害自己的视力，不利于身体健康；另一方面，过度依恋电子屏会让自己变得沉默，不爱与人交流交往，导致沟通交际能力退化，从而不利于心理健康。"如何吸引师生常进馆、多读书？怎样解放日益增多的"屏奴"？陈玉兰认为，此次图书馆"扮潮"引入"真人图书"，建立"真人图书室"，将是一项非常有意义的尝试，有可能为解决以上问题提供一条新的路径[1]。事实证明，这样的尝试是成功的。在"真人图书"面对面活动中，读者既从"书本"中获取了知识，又获得了与人对话交流的真实体验。而每一位"真人图书"渊博的知识，丰富的人生阅历背后，都是他们"读书破万卷"的勤勉与付出。这样的交流无疑也会使读者为"真人图书"本身爱书、

---

[1] 琚红征，陈威俊，王小民."真人图书室" 噱头还是创新.[EB/OL].[2014-06-16]. http://epa-per.jhnews. com.cn/site1/jhrb/html/2014-06/16/content_1812377.htm.

读书的习惯所感染，从而在一定程度上促进读者的"归来"。

（二）展望

在"真人图书馆"活动举办的过程当中，我们也发现了该活动有很大的发展空间。

首先，"真人图书"的"借阅"时间是固定的，"借阅"的人数有限，那么如何使更多的人能够受益于真人图书呢？我馆打算把"真人书"与读者的对话进行录音，做成口述记录，将"真人图书""翻译"成传统的纸质图书，一直保存下来。虽然没有面对面的交流形式那样鲜活，但这也是一种提升"真人图书"的价值并扩大其影响的有效途径。

其次，借阅形式上除了组织集体交流，以后"真人图书"还可以实现单独"借阅"。想读哪本"书"，就可以到图书馆预约，只要"真人图书"有时间，即便只有一个读者预约，也可以"借阅"，实现真正的"私聊"。

最后，限于资源有限，目前"真人图书馆"的"借阅"主体主要还是浙师大的师生。不过，等今后"真人图书馆"完善起来，时机成熟，将会考虑向社会公众开放。目前"真人图书"主要以本校的老师、学生为主，我馆正积极邀请更多的社会志愿人士加入"书籍"队伍，丰富我们的"真人图书馆"。此外，在条件允许的情况下，我们也会积极寻求与其他图书馆合作，通过共享以丰富"真人图书"的类型，比如热爱探险的背包客、环保志愿者、记者、消防员都可以纳入到"真人图书"的范围里来，使"真人图书"拥有更加广阔的发展空间。

四、启示

以上从活动的策划、筹备、开展、效果、展望等方面，详细介绍了浙江师范大学图书馆"真人图书""借阅"活动。通过这个案例，我们可以得到一些开展阅读推广活动的启示。

首先，高校各类活动层出不穷，大学生甚至对此有厌倦情绪。阅读推广活动要想在其他活动中脱颖而出、吸引读者的注意，就要求我们必须在活动的内容和形式方面有所创新，吸引更多的读者走进图书馆、利用图书馆。当然，创新只是一个方面，图书馆开展任何活动，都要走近读者，开展调查研究，想读者之所想，读者的需求永远是我们服务的目标与动力；拒绝任何形式主义，拒绝耍噱头，真正内涵丰富、反映读者需求的活动是会受到热烈支持的。

其次，信息化时代的全面到来，一方面带来一些弊端，如导致图书馆读者流失，另一方面也带来极大的优势，比如信息传递的方便、快捷。因此在进行阅读推广活动时，我们要充分利用各种信息媒介，如微信、微博、人人网、QQ等，来加大活动宣传力度，扩大阅读推广活动的影响力。

最后，活动结束的反馈是极其重要的，活动办得好不好，有哪些可改进的地方，是我们需要关注的。只有不断地总结反馈，完善活动策划，丰富活动内容，才能使我们的活动长盛不衰。

于丹曾说过：阅读就是阅人、阅己、阅世界。既读书又阅人，"真人图书馆"悄然改变着人们的阅读观。由于高校的特殊性，精英荟萃，有着潜在而丰厚的"真人图书"资源，也有着广泛的"借阅"者，有着相对稳定的策划执行团队，有着一定的经费保障，因此高校开展"真人图书馆"活动可谓有先天优势。然而，并非人人都愿意成为一名"真人图书"的志愿者，而读者的"借阅"需求是在不断发展变化的，"真人图书"资源需要不断挖掘、充实；"真人图书馆"活动的流程、活动的模式亦有待继续优化与完善。我们必须要有让"真人图书"走上可持续发展道路的忧患意识。当然，另一方面我们也要有这样的信心，"真人图书馆"还是存在很大的发展空间的，也是一项受读者喜爱的活动。我馆正在制定、完善筛选"真人图书"的标准以及各项"借阅"规则，努力把这项活动办好办强。

思考题

1. 试析"真人图书"与一般图书的区别，并概括其特点。
2. 简述"真人图书馆"活动从策划到活动开展的各个步骤。
3. 以浙江师范大学"真人图书"面对面活动为例，你认为"真人图书"活动还存在哪些发展空间，有哪些改进的措施？

4. 请结合你馆特点，从读者的需求出发，策划一项阅读推广活动。

延伸阅读书目

[1] 唐野琛. 我国真人图书馆发展现状、问题及对策研究[J]. 图书馆建设，2013（1）：45-48，52.

[2] 王君学，宋馨华. Human Library 发展概况研究[J]. 图书情报工作，2010（13）：91-94，106.

[3] 吴云珊. 基于文化差异的中西真人图书馆比较研究[J]. 大学图书馆学报，2014（5）：34—41.

[4] 安卫华. "真人图书馆"将是发展趋势[N]. 图书馆报，2015-02-06（特别策划 A08/31 版）.

第七讲

"书脸"阅读推广

唐 勇　张春红　肖 珑　刘雅琼　郭 超　庄 昕[*]

【导读语】

"阅读是一场有趣的冒险，而吸引你开启这场冒险的，有时也许是一个有意思的封面……"在图书馆阅读推广活动中引入"书脸"（Book Face），即通过人书嫁接的摄影方式推广阅读，营造妙趣横生的视觉效果，让书籍的封面"活"起来，从而吸引更多的读者关注图书、关注阅读，让阅读"火"起来。

第一节　何谓"书脸"阅读推广

"书脸"阅读推广是一种崭新的、有趣的阅读推广形式，目前没有现成的定义。这种阅读推广形式带有非常"好玩"的点，那就是"书脸"。即把图书封面的特殊图案——人（或动物，或动画人物）脸、头或身体的部分部位，通过拍照的方式，和真人拼接起来，拼接成自然的一体的人或动物，或更夸张的、人身动物结合的、神话里才存在的"人物"，书脸照片参见图7–1。近些年来，全民阅读活动引起高度的重视和各机构的积极参与，阅读推广形式日益丰富多彩。图书馆在全民阅读推广活动中也采用了许多新的形式，比如"书读花间人博雅——北京大学图书馆2013年好书榜精选书目/阅读摄影展"，该阅读推广活动把读书名画、摄影、好书等结合起来，获得了广泛关注。在阅读推广活动中

---

[*] 唐勇，北京大学图书馆馆员，参编《新技术、图书馆空间与服务》等书。

采用"书脸"这一元素，即可称为书脸阅读推广。"书脸"阅读推广是图书馆阅读推广众多新形式中的一种，这种形式离不开有创意的拼接拍照、图书封面的特殊设计。

图 7-1 "书脸"图例

第二节 图书馆"书脸"阅读推广创意缘起

"书脸"活动（Bookfacing，或 Book Face）最初由博客 Sleeveface（http://www.sleeveface.com）发起。有人把自己的身体和唱片封面拼接后拍照，发布在社交网站上，结果在社交网站上吸引了很多人参与；2006 年开始，不少相关照片陆续被发布在社交网站上。[①]这一有趣的活动最先由美国普罗沃市图书馆(Provo

---

① Sleeveface.[EB/OL].[2015-04-16].http://en.wikipedia.org/wiki/Sleeveface.

City Library）的馆员安－玛丽·马查特（Ann-Marie Marchant）改变形式并引入图书馆界。[①] 从 2013 年以来，国外图书馆兴起了这种有趣的活动：Book Face，即让读者找到具有特殊封面的图书或杂志（包含人的半边脸），然后把人物和封面尽可能自然、完美地拼接起来并拍照，提交自己的拼接拍照图片，图书馆在网上将照片加以展示和评比。这一活动受到读者的欢迎。由美国卡罗尔县公共图书馆策划的"书脸"活动目前收集了许多"书脸"照片，美国阿拉斯加东南大学图书馆（University Of Alaska Southeast）2013 年 9 月第五届伊根图书馆开放日举办的 Book Face 活动，大受学生欢迎。[②]

国内图书馆界也开始被这种新颖的、有趣的活动吸引。2015 年 1 月 7 日，厦门大学图书馆在其官方微信里以"Bookface，而不是 Facebook"为题，分享了国外"书脸"活动所征集的部分精彩照片。2015 年 3 月 6 日，西交利物浦大学图书馆发起了寻找"封面"人物活动（Book Face Show）：要求所选择的书其封面必须包含人物形象（五官、肢体、面部表情等），摄影时读者自己和书的封面要合二为一。北京大学图书馆更是把"书脸"作为阅读推广的又一个创新点，纳入到 2015 年世界读书日系列活动之中。

第三节 "书脸"阅读推广的实施

目前，图书馆"书脸"阅读推广活动举办较多的是"书脸"照片的征集、发布和评奖活动，利用这种好玩的、有趣的、轻松的活动来宣传图书馆，拉近图书馆、图书与读者之间的距离。这种形式的活动比较简单，实施起来比较容易：图书馆只需要确定活动时间，准备好奖品，列出适合拍照的书单，提供彩色打印机和打印纸，给出一个详细的活动说明书，发出活动通知，公

---

① Teen Bookface Contest[EB/OL].[2015-04-15].http://kb.evanced.info/assets/bookface.pdf.
② 5th annual Egan Library Open House[EB/OL]. [2013-09-20].http://www.uas.alaska.edu/soundings/archive-files/2013/09/egan-open.html.

布发布照片的平台,然后等结果就可以了。①到目前为止,北京大学图书馆"书脸"阅读推广活动在此基础上做得更为深入,也是第一家对此活动进行进一步改进、使其更好地促进阅读推广的图书馆。鉴于此,笔者将详细介绍北京大学图书馆书脸阅读推广活动的实施情况,抛砖引玉,为以后更好地、更有创意地实施阅读推广活动提供借鉴。

一、优秀的阅读推广团队是保障

阅读推广活动的实施,离不开优秀的阅读推广人员,离不开优秀的阅读推广团队。提到北京大学图书馆的书脸阅读推广活动,不得不提该活动的策划实施组织——北京大学图书馆宣传推广小组。自2011年10月,北京大学图书馆成立了宣传推广工作小组,该小组由来自多媒体部、咨询部、资源建设部、办公室、流通部、特藏部、分馆办、系统部等各部门的馆员共同组成,各显特长,分工协作,以全面推进图书馆的宣传推广工作。宣传推广工作小组的目标是:树立图书馆形象,宣传图书馆服务,扩大图书馆影响。该小组整合图书和多媒体介质、整合设计和展览资源、整合平面媒体和网络空间,充分发挥各环节的优势,以增强宣传推广的效果。阅读推广工作的策划实施是该小组的工作内容之一。阅读推广小组成员依据特长,分工协调组织实施阅读推广工作。如4·23世界读书日系列活动:2012年世界读书日以"读书读出好心情"为主题的书目展览,2013年世界读书日以"好书放飞梦想"为主题的展览,2014年世界读书日以"书读花间人博雅"为主题的展览,2015年世界读书日以"读书最宜燕园春"为主题进行的"知书·知脸·也知心"2014好书榜精选书目暨阅读摄影展。

机动、灵活、有创意的工作协调机制,保障了北京大学图书馆宣传推广工作小组的高效运作。北京大学图书馆宣传推广工作小组常采用的工作方式是"头脑风暴法"。"头脑风暴法"是奥斯本于1939年首次提出、1953年正式发表的一

---

① Teen Bookface Contest[EB/OL].[2015–04–15].http://kb.evanced.info/assets/bookface.pdf.

种激发创造性思维的方法。这种方法采取会议的形式，让所有参加者在自由愉快、畅所欲言的气氛中陈述、提问和追问，自由交换想法或点子，不断地进行思想碰撞，激发灵感，以产生更多创意。2015年世界读书日前夕，宣推小组召开头脑风暴工作讨论会，探讨2015世界读书日主题活动。阅读推广工作小组顾问王波老师提到，2015年1月7日，厦门大学图书馆官方微信以"Bookface，不是Facebook"为题，分享了国外举办的"书脸"活动的一组照片，引起他的注意，王波老师建议2015北大图书馆阅读展览采用这种形式；接下来，工作小组于头脑风暴会上讨论了其可行性及实施过程。

二、高度的专业敏感度和良好的专业素养是创意的源泉

"书脸"阅读推广是阅读推广工作一种有趣的创新，是吸引读者关注阅读的有效方式。这一创意的来源，离不开高度的专业敏感度和良好的专业素养。良好的专业素养和高度的专业敏感度，两者相辅相成。具有良好专业素养的馆员，能敏锐地感觉、感知并捕捉到阅读推广的有创意的形式，并探索其实施的可行性。对阅读工作越投入、越专注的人，对阅读推广工作越熟悉的人，其阅读推广专业敏感度越高；而随着专业敏感度的提高，就会随时留意任何与阅读推广相关的问题，并探求问题解决的方法，从而进一步提高专业素养。所以，从事阅读推广的馆员要不断提高自己的专业素养，提高专业敏感度，因为这是阅读推广创意的源泉。2014年的世界读书日，北京大学图书馆推出的主题为"书读花间人博雅"的摄影展和好书推荐相结合这一创意，也源自顾问王波的提议。"这项活动因为实现了书画结合、图文结合、中西结合、古今结合，兼顾了文化素质教育和艺术素质教育，拥有年度好书、西洋名画、北大女生、摄影展览等吸睛看点，故而好评如潮、大获成功，受到诸多媒体关注，网上传播迅速，产生了良好的社会反响。"[①] 如果看过王波老师的著作《中国古代传世画作中的读书图初探》，就会知道这个活动的创意并非偶然。文中介绍，"王波副研究馆员出于职

---

① 王波. 中国古代传世画作中的读书图初探 [J]. 图书馆，2015（2）：10–16.

业敏感,留心收集所接触到的当代读书图和读书人偶,在博客上连续展示"——可见,"读书图""摄影展"的结合并非偶然,而是来源于王波老师的专业积累。并且文中对为什么选择西洋名画做模仿对象做出如下解释:"其实在活动开始之前,我们就对中外的读书图做了调研,西洋名画中的读书图因为有《阅读的女人危险》这样的经典著作,线索明确,极易检索得到。而中国传世画作中的读书图则无人进行系统筛选,缺乏最基本的指导目录,因而很难得到一系列画作。"这表明他对"读书图"进行了梳理和探索。阅读推广人要时刻保持对"阅读"的高度敏感,不断加强理论积累,提高专业素养。

北京大学图书馆阅读推广活动精彩纷呈,创意不断,和北大图书馆阅读推广团队的馆员具备良好的专业素养是分不开的。近年来,北京大学图书馆参与阅读推广的国家级研究课题有两项,即王波2011年申请立项的"图书馆的阅读推广活动调查研究",2013年刘彦丽申请立项的"高校图书馆基于区域图书馆联盟开展阅读推广活动的策略研究",而后者的参与者大多为阅读推广小组成员。

三、"书脸"照片是亮点

中国图书馆学会阅读推广委员会之阅读与心理健康分委员会对各大媒体发布的2014年度好书榜进行了全面收集,共得到32家报刊和网站推出的年度好书榜,涉及好书539种。通过对每本书被各个榜单提到的次数进行统计,按入选次数排序后,得到入选次数超过2次及以上的好书69种。中国图书馆学会阅读推广委员会之阅读与心理健康分委员会向各图书馆发起"关于宣传推广'好书中的好书:2014年好书榜精选书目'的倡议"。2015年北京大学图书馆以"读书最宜燕园春"为主题进行的"知书·知脸·也知心"阅读摄影展,展出书目主要从此次倡议的2014年度好书榜中挑选,并补之以14所知名大学校长推荐的部分经典图书。2014好书榜精选书目暨阅读摄影展推荐书目如表7–1:

表7-1　北大图书馆"书脸"阅读推广活动推荐书目

书名	作者
《小于一》	〔美〕约瑟夫·布罗茨基
《沈从文的后半生：1948—1988》	张新颖
《1944：腾冲之围》	余戈
《老生》	贾平凹
《中国古代物质文化》	孙机
《天国之秋》	〔美〕裴士锋
《1966年》	王小妮
《耳语者》	〔英〕奥兰多·费吉斯
《奇石》	〔美〕彼得·海斯勒
《瞻对：终于融化的铁疙瘩——一个两百年的康巴传奇》	阿来
《21世纪资本论》	〔法〕托马斯·皮凯蒂
《一平方英寸的寂静》	〔美〕戈登·汉普顿，约翰·葛洛斯曼
《解忧杂货店》	〔日〕东野圭吾
《红雨——一个中国县域七个世纪的暴力史》	〔美〕罗威廉
《梁漱溟日记》	梁漱溟
《纸牌屋》	〔英〕迈克尔·道布斯
《耶路撒冷》	徐则臣
《庆祝无意义》	〔法〕米兰·昆德拉
《雪隐鹭鸶——〈金瓶梅〉的声色与虚无》	格非
《戊戌变法的另面——"张之洞档案"阅读笔记》	茅海建
《叶——百年动荡中的一个中国家庭》	〔美〕周锡瑞
《王明年谱》	郭德宏
《桃花井》	蒋晓云
《耶路撒冷三千年》	〔英〕西蒙·蒙蒂菲奥里

续表

书名	作者
《一个戴灰帽子的人》	邵燕祥
《我的旅行哲学》	陈丹燕
《追风筝的人》	〔美〕卡勒德·胡赛尼
《从你的全世界路过》	张嘉佳
《奥登诗选》	〔英〕W. H. 奥登
《盗火者——中国教育革命静悄悄》	邓康延，梁罗兴
《独裁者手册》	〔美〕布鲁斯·布鲁诺·德·梅斯奎塔，阿拉斯泰尔·史密斯
《洛杉矶雾霾启示录》	〔美〕奇普·雅各布斯，威廉·凯莉
《曼德拉传》	〔英〕安东尼·桑普森
《你的孤独，虽败犹荣》	刘同
《如何阅读一本书》	〔美〕莫提默·J. 艾德勒等
《是什么带来力量——乡村儿童的教育》	〔德〕卢安克
《我只是没有能力过我不想过的生活》	嘉倩
《乡土中国》	费孝通
《影响力》	〔美〕罗伯特·西奥迪尼
《最后的儒家——梁漱溟与中国现代化的两难》	〔美〕艾恺
《牛棚杂忆》	季羡林
《乔布斯传》	〔美〕沃尔特·艾萨克森
《泰戈尔：我前世是中国人》	秦悦
《想象异域——读李朝朝鲜汉文燕行文献札记》	葛兆光
《南方有令秧》	笛安
《故宫藏美》	朱家溍
《惜别》	止庵
《无尽藏》	庞贝
《自我颠覆的倾向》	〔美〕赫希曼

第七讲 "书脸"阅读推广

通过前面的介绍可以知道,"书脸"对图书的封面是有特殊要求的,并不是所有的书都能拿来做"书脸"。推荐书目是不是适合"书脸"这一推荐方式?通过对推荐书目的封面进行一一查阅,我们发现只有少数图书满足要求。需不需要换推荐书目?北京大学图书馆宣传推广小组始终认为:阅读推广更应关注推广图书的内容,而不是形式;形式是为内容服务的,不能让阅读推广的形式左右了阅读推广的内容,更不能为了适应阅读推广的形式而随意地改动阅读推广的内容。鉴于此,宣传推广小组最终决定,选择几本合适的图书,拍摄几个"书脸",作为此次活动的亮点,从而吸引读者关注图书内容。经筛选后拍摄成的"书脸"(11张)见图7-2。可以看出,这组"书脸"照片拍摄得生动有趣,足以成为此次阅读推广的亮点。

图7-2 北大图书馆"书脸"阅读推广活动拍摄的"书脸"照片集

四、多渠道展出以保证活动效果

"博雅衣绿,未名桃红,春风又一次为燕园披上盛装。杨柳湖畔,掩卷而思,读书不觉已春深。阅读是一场有趣的冒险,而吸引你开启这场冒险的,有时也许是一个有意思的封面。在今年的好书推荐中,我们引入欧美新兴的一种宣传图书的活动——书脸(BookFace),通过人书嫁接的摄影方式,营造妙趣横生的视觉效果。"北京大学图书馆"书脸"阅读推广的实体展板于 2015 年 4 月 22 日在北京大学图书馆阳光大厅展出，见图 7-3。

图 7-3 北大图书馆"书脸"阅读推广活动实体展览

展板设计以明艳的玫红色为主色调，华丽而不失典雅，奔放而不失含蓄，俏皮而不失庄重；再配以灵动的春天的花草，贴近活动主题——"读书最宜燕园春"，贴近活动形式——活泼有趣。展板内容既有"书脸"照片，又有对应的书目介绍，内容丰富，提供馆藏地址、索书号，方便同学们借阅。展览期间，图书馆又在新书阅览室设置"书脸"阅读推广摄影展推荐图书专架，展出 49 本推荐图书，便于读者阅读。

配合实体展板，北京大学图书馆在官方微博、微信、人人网、图书馆网站主页、BBS 同时推出线上展览，每日展出一书一图（摄影），多渠道宣传，把好书推荐给更多的读者。鉴于"书脸"阅读推广是一个读者参与性很强的活动，北京大学图书馆在推出这一活动的同时，也号召同学在微信秀出自己拍摄的"书脸"及对应的好书。

"书脸"阅读推广经过多渠道的展出宣传,受到北大师生的好评,也引起媒体的广泛关注。除了北大官方微博转发之外,《北京青年报》、凤凰网、人民网、网易、中国网、中国江苏网、宜春新闻网等多家媒体相继转发报道。截止到 2015 年 6 月 23 日,即"书脸"阅读推广展览展出两个月的时间,以"书脸"形式展出的 11 本书的相关信息,在北京大学图书馆官方微博上的阅读量达 7.7 万人次,在北京大学官方微信上的阅读量达 1000 多次。对比 OPAC 中的借阅量数据(图 7-4)可以看出,11 种"书脸"阅读推广的图书,借阅量有了很大的提高。可见,"书脸"阅读推广取得了显著效果。

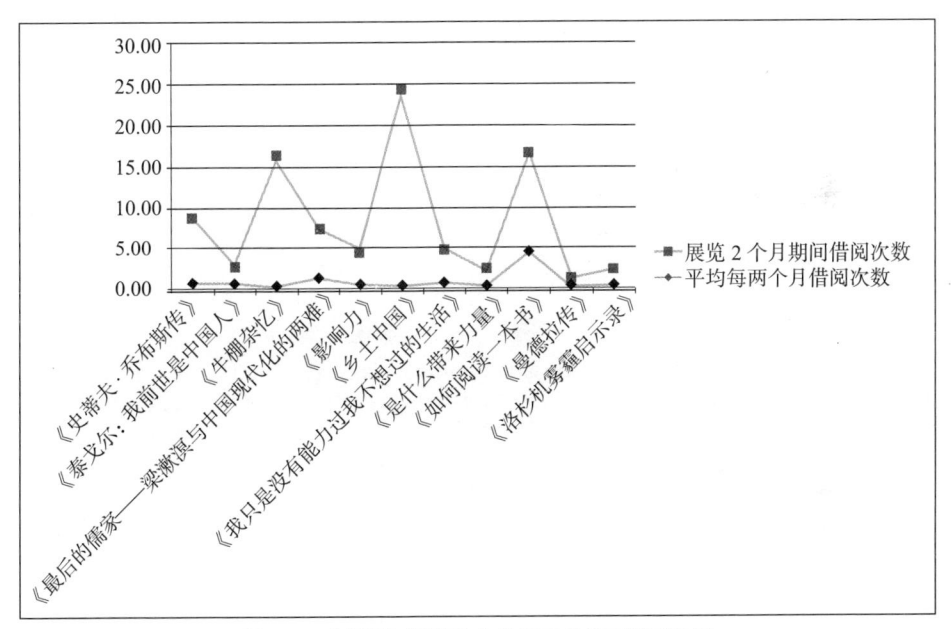

图 7-4 "书脸"阅读推广前后图书借阅量对比图

第四节 结语

高校图书馆阅读推广服务可以在内容、形式和宣传口号上等多个角度进行有效的创新尝试。"书脸"阅读推广就是利用书籍封面的特殊装帧而对阅读推广形式进行的大胆创新。书籍装帧世界的代表人物威廉·莫里斯说:"书不只是阅读的工具,也是艺术的一种门类。"在当今琳琅满目的书海中,书籍的封面起到一个无声推销员的作用。图书馆在阅读推广时,可利用书籍特殊的封面设计,以更加有趣、更为夸张的方式来放大书籍封面对其内容的宣传效果,从而吸引更多的读者关注图书、关注阅读。

思考题

1. 书籍封面在阅读推广过程中能发挥什么作用?
2. "书脸"阅读推广有哪些特点?
3. "书脸"阅读推广实施的关键因素是什么?

延伸阅读书目

[1] Teen Bookface Contest[EB/OL].[2015-04-15].http://kb.evanced.info/assets/bookface.pdf.

[2] 王波. 中国古代传世画作中的读书图初探[J]. 图书馆,2015(2):10-16.

[3] 程灿华,钟良健. 高校图书馆阅读推广服务的创新[J]. 图书情报工作,2014(6):104-106.

第八讲 读书达人秀

曹炳霞[*]

【导读语】

　　如何才能成为时尚达人？读书也可以！

　　"秀"出你的风采，读书也娱乐！郑州大学阅读推广活动放弃枯燥的说教，营造全新品牌"读书达人秀"，给宁静的读书人一个走"秀"的舞台。活动融入了时尚、竞赛、娱乐等诸多元素，把同学们的"读""记""悟""行"有机结合起来，使读书活动开展得更加生动活泼。

　　阅读推广的创新，远远不止这么简单……

　　郑州大学图书馆积极响应全民阅读倡议，长期致力于在全校师生中广泛开展阅读推广活动，并不断创新工作思路和阅读推广模式，创建活动品牌。在每年开展的阅读推广活动中，郑州大学图书馆均围绕特定主题组织一系列活动，并举办隆重的读书活动启动仪式和总结表彰会。活动内容一般涉及以下几个方面：以弘扬优秀传统文化为主题的活动，让大学生深入了解民族文化，继承和发扬传统道德规范；广泛开展提升图书馆服务质量、加强馆读交流的活动；创新活动形式，开展融合时尚元素的特色活动。

　　在开展阅读推广活动的实践探索中，郑州大学图书馆逐步形成了以"一个理念、三个品牌"为核心的阅读推广模式，既注重工作理念的创新，又注重活动品牌的建设。其中，"一个理念"即"自主阅读"的理念，"三个品牌"是指

---

[*] 曹炳霞，郑州大学图书馆办公室主任，合著有《读经阅典》一书，发表学术论文近10篇，主持省厅级项目5项。

以读书达人秀、图书漂流和读书交流会为代表的品牌活动。读书达人秀是郑州大学图书馆于2012年"世界读书日"活动期间推出的一个全新的阅读推广品牌，已经成功举办四届，并将继续开展。读书达人秀融入了时尚、竞赛、娱乐等诸多元素，把同学们的"读""记""悟""行"有机结合，以创新的方式诠释读书的快乐，使热爱读书的大学生有了一个施展才华的舞台，使郑州大学的读书活动开展得更加生动活泼。

第一节　读书达人秀活动背景

在开展阅读推广活动中，很多图书馆普遍存在着相同的问题，即只管闭门造方案，然后强加给读者，而未能结合读者的兴趣，考虑读者的实际需求，让读者参与到活动的策划中，并结合读者的阅读心理开展相关的阅读活动。[①]这就使得图书馆的阅读活动往往表现为策划者满腔热情，却无法调动学生的积极性；图书馆忙得一塌糊涂，学生却置身事外，阅读推广活动的效果往往不是很明显。[②]

为切实了解读者的需求，调动学生的积极性，郑州大学图书馆于2012年启动了"我的阅读我做主"阅读方案征集活动；同学们提供了"我来换书名"、情景剧等一些很好的创意，可操作性很强。面对众多的阅读方案，我们萌生了将多个创意进行融合并用新的方式展现出来的想法。通过对同学们提供的方案进行多次讨论，加以选择和改进，读书达人秀最终诞生了。该活动以同学们的部分创意为基础，增加了一些新的元素，是一个集多种活动创意为一体的阅读推广方式。

2012年"世界读书日"活动期间，图书馆联合校文明办、校团委、学生处、大学生素质教育基地等单位，推出以"读书明理，秀出乐趣"为主题的读书达人秀活动，由学生社团读书会具体负责承办。活动分海选、初赛、复赛、决赛

---

① 曹炳霞."读书达人秀"：郑州大学图书馆的创新探索 [J]. 图书馆杂志，2014（4）：92–95.
② 曹炳霞. 试析高校图书馆的读者阅读活动：以郑州大学图书馆为例 [J]. 科技情报开发与经济，2011（2）：28–30，35.

四个阶段，全部四个阶段共涉及六个项目：一是海选中提交个人原创作品，这也是另一种形式的征文比赛；二是初赛中的知识竞赛；三是复赛中的读书达人秀；四是复赛和决赛中都采用的"望词生情"；五是复赛和决赛中都有的"精彩再现"；六是仅在决赛中使用的重命经典[①]。

本活动最大的亮点在于将枯燥沉闷的读书活动推向前台，以"秀"的方式增强其表演性，使其极具观赏性，充分调动大学生群体参与读书活动的积极性。读书达人秀已经举办四届，成了郑州大学图书馆阅读推广的新品牌。

图 8-1 2012 年读书达人秀决赛喷绘宣传海报

第二节 读书达人秀活动过程

一、海选

海选时要求报名参赛选手提交一篇个人原创作品，体裁和字数不限，内容积极向上，语言流畅生动；海选历时 20 天左右。

海选阶段融入其他同期开展的读书活动，使参赛选手可以多身份地参与图书馆的各种活动。2012 年海选时，参赛选手提交的最喜爱书籍的读后感，可同时参加"世界读书日"系列活动之"我拿青春读明天"大学生阅读征文活动；

---

① 曹炳霞."读书达人秀"：郑州大学图书馆的创新探索 [J]. 图书馆杂志，2014（4）：92-95.

有6位"读书达人秀"的参赛选手提交的文章在征文活动中获奖。2013年海选时，参赛选手提交的作品可同时参加郑州大学读书会自办期刊《读书声》第二、三期征稿活动，优秀作品选登在《读书声》上，并可参加《读书声》期刊组织的优秀作品评奖，获奖作品将获颁证书和奖品；最终有12位读书达人秀的参赛选手提交的文章在《读书声》期刊优秀作品评选中获奖。

二、初赛

初赛采取知识竞赛的方式，竞赛题目涉及国学、文学、历史、政治、图书检索知识等方面，其中图书检索知识的题目来源于图书馆网站或"世界读书日"活动期间举办的信息资源检索与利用专题讲座。初赛由图书馆负责阅读推广活动的老师出题，均是一些常识性知识，难度并不大，以试卷的形式出现，整套试卷满分100分，答题时间60分钟，共50道题，其中选择题25道，填空题25题。

初赛一般在海选结束后3天左右进行，利用晚上的时间在图书馆报告厅举行；随后由图书馆工作人员组织读书会部分负责人对照标准答案进行批改，根据选手分数并结合其在海选中提交的个人原创作品的质量，选择参加初赛人数的50%进入复赛。

三、复赛

较之海选和初赛，复赛略显复杂，共有三个比赛项目，分别为"读书达人秀""望词生情""精彩再现"，三个项目总分100分。复赛一般在初赛结束后4天左右进行，两届读书达人秀活动在复赛阶段都安排了四场比赛，每场12~14人，历时两天。每场比赛的前三或前四名可以参加决赛。

为保证比赛的公平、公正、公开，让更多的学生感受读书活动的魅力，复赛采取现场打分、现场核算、现场公布的方式，并设置了专业评审和大众评审。专业评审由七位职称高、学历高、文学素养高的图书馆老师组成，每名选手带一名同学组成大众评审团。选手分数由专业评审分数和大众评审分数两部分组成，大众评审评分占选手分值的30%，专业评审占70%。

（一）"读书达人秀"

读书达人秀要求参赛选手以"我是读书达人"为主题进行才艺展示，可以借助 PPT、视频等辅助工具，限时 2 分钟，满分 20 分。在这一环节，选手们各显神通，使出浑身解数，充分展示个人才艺，力图在第一时间打动评委。

在 2013 年的复赛中，一位同学以一首藏头诗迅速赢得了评委们的"芳心"，最终得到 18.6 分的高分。其藏头诗全文如下：

在舍浑如远乡客，下辇登高望河洛。林亭自有幽贞趣，辛夷落英醉九霄。情如芳草年年新，系得王孙归意切。读透青卷明世事，书剑功名报君王。

这首藏头诗每句第一个字连起来为"在下林辛情系读书"，参赛选手将自己的名字——林辛藏在其中，既表达了他对读书的热爱之情，又描绘了一幅王孙归乡的场景，不失为一篇赛场佳作。

王 侯将相本无种
昭 昭日月悬我胸
祝 桃焉能杀三士
读 史方知智无穷
书 中太公垂钓处
达 者躬耕卧龙时
人 生百年多桀舛
秀 木傲风终成梁
圆 木立信卒秦业
满 目烽烟丧殷邦
成 败不过转瞬逝
功 过自有千秋评

图 8-2　2012 年第一届读书达人秀环节学生所作藏头诗

（二）"望词生情"

"望词生情"环节要求选手从一个装有 500 个词语的箱子中随机抽取 5 张写有不同词语的卡片，用这 5 个词语创作成文并现场表述出来；词语可重复使用，文章体裁和内容均不做限制；限时3分钟；满分40分。在该环节，选手一般提前5分钟抽取词语，并利用这5分钟的时间进行准备，随即上台演讲。这个项目有助于培养学生的即时文字组织能力和即兴演说能力。选手即兴组诗、组文的优美作品带给现场观众很多惊喜和震撼。

在2013年读书达人秀复赛中，一位同学抽到了"笑傲江湖""如火如荼""水至清则无鱼""道貌岸然""离经叛道"等5个词语，现场将之连缀成文：

在金庸先生的武侠作品《笑傲江湖》里，华山派大弟子令狐冲是一个离经叛道的角色，他结交采花大盗田伯光，杀死青城派弟子，被逐出师门，却难料，"水至清则无鱼"，他道貌岸然的师傅岳不群是一个伪君子。令狐冲平息了日月神教和五岳剑派如火如荼的纷争，与爱侣任盈盈携手归隐，实现了真正的"笑傲江湖"。

这位选手的表现获得现场观众雷鸣般的掌声和喝彩声，最终得分为38.82分，是该场比赛该环节的最高分。

图8-3　望词生情环节

（三）"精彩再现"

"精彩再现"要求选手真实再现经典名著的精彩情节，鼓励采用情景剧、舞台剧、微电影等与书本结合的创新表演形式；可以邀请"外援"帮助选手共同表演，但要以选手为重点；限时5分钟；满分40分。该项目有助于培养学生的知识应用能力和表演能力，从而深入理解和品读原著。这个项目的观赏性特别强，是整场比赛中的高潮部分，学生们的精彩演绎总能带给评委和观众欢声笑语。

在该环节，有的同学选择《红楼梦》《三国演义》《西游记》《雷雨》《玩偶之家》《简·爱》等中外名著中的精彩片段进行情景剧、话剧演绎，现场表演生动活泼，很有感染力；有的同学选择朗诵《再别康桥》《水调歌头》《少年中国说》等名家名篇，或满腹柔情，或慷慨激昂。

四、决赛

决赛一般在复赛后5天左右举行，全场比赛历时4个小时。决赛的积分方式和评委组成模式与复赛一致，只是专业评委来源有变化。决赛邀请学校文学院、历史学院的教授以及校团委、学生处、大学生素质教育办公室、图书馆的负责人组成7人的专业评审团。

决赛也有三个比赛项目，分别为"望词生情""重命经典""精彩再现"；三个项目总分100分。决赛中的"望词生情"和"精彩再现"与复赛的要求一样，只是分值有所下降，这两个环节均为30分。不过，决赛中的"精彩再现"观赏性特别强，很多节目往往一鸣惊人，被校团委、学生处、大学生素质教育办公室的评委老师相中，邀请同学们随后参加这些部门组织的相关活动。比如，2012年决赛中产生的两个特别优秀节目——话剧《骆驼祥子》和越剧《红楼梦》多次参加学校的演出活动。

"重命经典"是决赛中新出现的一个项目，也是决赛中分值最高的项目。要求参赛选手根据自己对经典名著的理解和感受，对名著重新命名，要体现原著的精髓，并能充分阐述理由，还要回答现场观众和评委就原著及重命书名相关内容的提问；限时5分钟；满分40分。这个项目有助于引导学生对经典作品的深入思考，培养学生的理解能力和分析鉴赏能力。"重命经典"在2012年首次举办读书达人秀活动时，按照学生的创意叫作"我来换书名"，2013年改成新名字——重命经典，但比赛要求仍与2012年保持一致。

2013年读书达人秀活动第一名获得者将王国维先生的《人间词话》重命名为《兰台词品》，给出了以下三点理由。

第一，兰台，汉代中央档案、典籍库，用以收藏地图、户籍等档案及图书，也是当时名儒著述的地方。由于汉代重视对档案典籍的收集，兰台典藏十分丰富。东汉时班固曾为"兰台令史"，受诏撰史，故后世亦称史官为兰台。明帝永平五年（62）班固任兰台令史，奉诏撰《世祖本纪》及诸传记。与班固同为兰台令史、奉诏修史的还有睢阳令陈宗、长陵令尹敏、司隶从事孟异。此后，刘复、杨终、傅毅、贾逵、孔僖、李尤等人都曾任兰台令史，他们都是当时著名的学者。《汉书·艺文志》记载兰台藏书多达600部，13000卷。汉代是总结和整理先秦学术思想的集大成时代，兰台又是藏书之地，王国维先生学术博大精深，一生钻研上古三代之学问，以"兰台"命名此书，颇合其类。

第二，兰台也是四千年前楚人先祖抗御洪水夯筑的高台。春秋战国时期，兰台上宫殿辉煌，史称"兰台之宫"，为强大楚国的文化中心。南北朝时期梁朝人刘勰在《文心雕龙·时序》篇中说："唯齐楚两国，颇有文学，齐开庄衢之第，楚广兰台之宫……屈平联藻于日月，宋玉交彩于风云。"伟大爱国诗人屈原及其弟子宋玉，都成才于这个兰台之宫。《文选·宋玉〈风赋〉序》："楚襄王游于兰台之宫，宋玉、景差侍。"李周翰注："兰台，台名。"唐张九龄《登古阳云台》诗："楚国兹故都，兰台有馀址。"以"兰台"命名此书，可以点名本书所具有的文学意境与美学价值，上承屈骚汉赋之传统，下启近代美学之先声。

第三，中国古代即有刘勰《文心雕龙》、钟嵘《诗品》、司空图《诗品》、严羽《沧浪诗话》等文学批评经典名著，王国维先生的《人间词话》，也是一部文学批评名著。"词品"一词不仅表现出本书对中国"诗话"一类作品之体例、格式相袭的特点，具有古典韵味之美，同时表现出本书理论体系上对词的品读与鉴赏，兼具古典韵味之美。"品"字可以体现出《人间词话》首倡的"意境说"，对于主旨的阐发具有独到的价值。

图 8-4 "精彩再现"——情景剧《三国演义之三顾茅庐》

图 8-5 "精彩再现"——话剧《骆驼祥子》

图 8-6 "重命经典"——《追忆逝水年华》

图 8-7 "重命经典"——《追风筝的人》

图 8-8 "重命经典"环节评委点评

第三节 读书达人秀活动组织实施中的经验

一、设置大众评审

为保证比赛的公平、公正、公开，让更多的学生参与到活动中来，读书达人秀活动的复赛和决赛均采取现场打分的方式，并设置了大众评审团。一名选手可带一名大众评审组成大众评审团，大众评审团全程参与打分。

二、充分发挥学生社团的作用，让读书会全程参与活动的组织

由于读书达人秀是一个竞赛类活动，且历经多个阶段、比赛场次和项目，组织工作复杂、烦琐，需要的工作人员很多。在2013年第二届读书达人秀活动中，仅复赛就进行了两整天、办了四场，每一场需要的现场工作人员基本上都在20人左右，赛前的准备工作更是琐碎。图书馆将挂靠旗下的学生社团读书会纳入到活动中，由读书会参与组织实施，承担很多重要的工作任务，有效地保障了活动的正常进行。

三、将不同的读书活动进行融合，增强活动间的关联性

在读书达人秀活动中融入其他读书活动的元素，使活动的开展形式更加多样化，也使各个活动有了关联性。特别是通过一个活动宣传另一个活动，在宣传上起到了意想不到的效果。比如读书达人秀海选时提交的个人原创作品，也可以同时参加征文比赛或读书会期刊《读书声》的征稿；2012年初赛和复赛、决赛的"有问有答"项目中涉及的图书检索知识，大部分来源于图书馆举办的资源利用讲座的相关内容。

四、广泛征求意见，不断改进活动内容

寻找各种方式推行郑州大学图书馆的自主阅读理念，让学生成为阅读活动的主体，而不是仅由图书馆单方面提供方案。一方面召集读书会的同学共同讨论活动方案、比赛项目等，最终形成了比较成熟的读书达人秀活动方案。另一方面，在活动结束后，通过电话、短信、邮件、对话、问卷调查等多种方式广泛征求选手和评委老师的意见。比如，在2012年第一届读书达人秀活动结束后，图书馆工作人员向参赛选手广泛征集对活动的意见，参考有价值的建议在第二届读书达人秀活动中予以改进。当时一些选手觉得复赛和决赛中的"有问有答"环节分值过高，认为有可能出现以一道题决定名次的现象，即使其他环节表现优秀，也可能没有翻盘的机会。所以，在2013年的活动中，将"有问有

答"换成了"望词生情"。另外根据选手的建议,对活动时间和奖项设置也做了一些调整[①]。2014年,将读书达人秀的三个经典项目:"望词生情""重命经典""精彩再现"分别设置为三项独立又关联的活动,选手可以选择参加,也可全部参加;每个项目设置单独的奖项,又根据选手的成绩决出读书达人综合奖——这种方式可以让同学们尽情施展自己的特长。

第四节 读书达人秀活动效果

一、扩大了阅读推广在学校、媒体和业界的影响

读书达人秀活动已经连续举办四届,以其丰富的内容、具有挑战性的形式,在学生中获得了一定的认可度,营造了浓厚的"书香校园"氛围。活动的参加人数逐年增加,2012年共有106人报名,2013年132人,2014年157人,2015年124人;参加活动的学生广泛,来自学校30个院系的不同年级;甚至有部分研究生也被活动所吸引,积极报名参赛。

郑州大学读书达人秀活动受到媒体的广泛关注,凤凰网、大河网等媒体做了专题报道,对宣传郑州大学的阅读推广活动起到了积极的促进作用。

活动组织者曾多次受邀在图书馆业界会议上介绍读书达人秀活动,先后在"2013华夏阅读论坛之孙犁百年诞辰纪念暨校园纯文学"阅读推广研讨会、首届全国阅读推广高峰论坛、"提升阅读质量,树立推广品牌"专题研讨会暨中国图书馆学会阅读推广委员会大学生阅读委员会、阅读与心理健康委员会2013年工作会议上进行案例陈述。

读书达人秀活动还入选了全国图书馆服务创新成果案例展,在2013年中国图书馆年会主会场——上海世博展览馆主题展示区进行了三天展示。

在中国图书馆学会、韬奋基金会、中国新华书店协会与《图书馆报》共同

[①] 曹炳霞. 图书馆阅读推广的新形式:读书达人秀[J]. 大学图书馆学报, 2013(6): 97–102.

主办的"出版界图书馆界 2013 全民阅读年会"上，郑州大学图书馆提交的"读书达人秀"阅读案例荣获一等奖。

读书达人秀活动非常幸运地得到图书馆界专业期刊的垂青。活动组织者在《大学图书馆学报》2013 年第 6 期和《图书馆杂志》2014 年第 4 期上发表了两篇论文，详细介绍了郑州大学的读书达人秀活动，这两篇论文分别为《图书馆阅读推广的新形式——读书达人秀》《"读书达人秀"——郑州大学图书馆的创新探索》。

二、实现图书馆阅读推广活动的创新，形成了新的品牌

郑州大学以自主阅读理念推广阅读，不断创新阅读推广的模式，连续四年开展的读书达人秀活动就是在前期调研并广泛征集学生创意的基础上开始实施的，这个活动已经成为郑州大学阅读推广活动主推的三个品牌之一，这种阅读推广方式使阅读活动不再是一个枯燥乏味的单向过程，而是一种充满乐趣的、互动的享受，能激发大学生参与活动的兴趣，达到更好的阅读推广效果。

三、有效推动了大学生的深阅读

浅阅读是一种浅层次的、以简单轻松甚至娱乐性为终极追求的阅读形式，它的主要表现有"读图"、"速读"和"缩读"、"时尚阅读"和"轻松阅读"、网络阅读、为应付考试或工作需要的功利性阅读等。而深阅读不光要用眼睛阅读，还要用心去阅读，用心去感悟。[1]

读书达人秀全部四个阶段共涉及六个项目，这六个项目把学生们的"读""记""悟""行"有机结合,对促进大学生深阅读具有引导作用。比如"重命经典"，提倡精读经典名著，任何一个选手如果对这部经典名著没有达到深度阅读并深入理解，是不可能把握原著的精髓并进行重命名的。同时，这几个项目侧重点各有不同，在内容上既有深度又有广度，对激发大学生的阅读热情、培养其综合素质有积极意义。

---

[1] 蔡红，唐秀瑜. 浅阅读时代图书馆的深度选择 [J]. 图书馆，2007（3）：41-43，46.

谈到读书达人秀活动对经典阅读的推动作用，有同学这样说："在这个活动的准备中自己又重读了以前看过的名著，有了新的感悟。""对名著的理解更深了一个层次，也开始涉猎不同方面的经典，有助于个人文学素养的提升。"

四、激发了大学生参与读书活动的积极性和进一步阅读的兴趣

大学生典型的心理特征之一是思维敏捷、思想活跃，任何新事物、新知识都会使他们感到新奇、渴望[①]，希望用各种方式展现自我价值。读书达人秀充分借鉴中国达人秀的活动理念，在活动中融入竞赛、娱乐等诸多时尚元素，实行淘汰制的规则，挑战性强，竞争激烈，增强了活动的趣味性、生动性，能够激发学生的参与热情和阅读兴趣。"望词生情""重命经典""精彩再现"等活动项目对大学生来说都极具挑战性，能够激起大学生群体的表现欲望，给爱读书的大学生提供一个全方位展示自己学识的舞台。

在谈到读书达人秀的吸引力时，一些同学如是说："形式新颖，读书达人秀将传统的读书活动与时尚元素结合起来，在此过程中可以展示个人才艺，可以与许多高手切磋，互相学习，而且这个平台很好，其间也会有专业评委指点，值得参与。""读书达人秀比赛的活动形式丰富多样，不仅仅考查阅读面的广度，还考查才艺展示、舞台表现力、现场反应等多方面内容，所以对我有很大吸引力。"

图8-9　2013年读书达人秀决赛喷绘

[①] 王涛.图书的构成要素与读者的阅读心理[J].图书馆理论与实践，2006（1）：59–60.

第五节 启示

一、创新阅读推广方式是吸引学生参与活动的重要途径

目前，各个高校都在不遗余力地开展各种类型的阅读推广活动，常见的活动方式主要有征文、读书交流、专家报告、书评、展览、朗诵、推荐书目、电影展播、摄影、微电影等。但是常规活动对大学生的吸引力有限，大学生总是喜好"不走寻常路"，喜欢挑战和刺激，对新鲜事物的敏感度高。所以，对大学生进行阅读推广，尤其是经典阅读推广，就需要不断创新、不断完善，让经典以生动活泼的形式予以呈现和展现，不断激发大学生对阅读活动的兴趣，使活动更加贴近学生的阅读心理，满足学生的阅读需求。读书达人秀以形式多样的比赛方式和快乐轻松的活动氛围推动大学生的经典阅读，在"精彩再现"和"重命经典"等环节中，强调对经典名著的阅读和阐释，倡导大学生阅读经典文本。

二、学生的参与度是检验阅读推广活动效果的重要指标

郑州大学图书馆注重采取多种措施，吸引更多的学生参与到阅读推广活动中来。一是发挥学生的主观能动性，让学生参与策划活动，使活动形式更贴近学生心理，更接"地气"。读书达人秀的活动形式及比赛项目，主要来源于前期学生在"我的阅读我做主"方案征集中提供的活动思路，反映了学生们的普遍心理需求，这使得活动更能吸引学生的眼球，促使他们积极参与其中。二是巧妙设计活动环节，让更多学生参与到阅读活动中来。活动在复赛和决赛中设置大众评审团，在"重命经典"环节设置现场观众提问，在"精彩再现"环节鼓励选手邀请外援，这些规则都在无形中扩大了活动的参与面，可以形成一名选手参赛但辐射及整个宿舍或整个班级的局面，能够取得较好的阅读推广效果。三是充分发挥学生社团的作用，让读书会全程参与活动的组织。读书会是郑州大学会员规模最大的社团之一，学生分布在全校各个院系，由读书会负责组织活动，对吸引学生的注意力、扩大参与范围具有积极的促进作用。

三、多部门合作发挥全员育人的优势，提升阅读推广活动的实施效果

阅读推广是高校校园文化建设的重要组成部分，对培育大学生的人文修养具有重要意义。针对高校中部门林立、院系众多的现实情况，发挥各个部门的合力，能有效扩大阅读推广活动的辐射面，提升活动效果。郑州大学图书馆在举办读书达人秀等阅读推广活动中，以全员育人的理念，充分发挥学校领导及各部门的合力，共同推动阅读推广活动取得成效。学校各级领导高度重视阅读推广活动，并从各个方面给予指导和支持。每年，校领导都亲临读书活动启动仪式的现场，对全校师生进行读书动员，并在总结表彰会上为获奖单位和个人颁奖。图书馆与校文明办、学生处、校团委、国家大学生文化素质教育基地等多部门紧密配合，共同组织阅读推广活动。多部门合作不仅使活动的号召力更强，使学生们对活动的认可度更高，也有利于活动的组织实施和宣传，便于通过多种途径扩大阅读活动的影响力，在全校掀起读书活动的热潮。

总体上来说，郑州大学读书达人秀活动已经形成了一定的模式，取得了一定的成效，目前已经成为阅读推广活动中新的品牌；但也存在诸如组织程序复杂烦琐等方面的不足，还需不断完善相关活动环节和活动规则，继续挖掘深层次资源，打造阅读推广的经典品牌。但不可否认的是，读书达人秀活动是一种综合多种活动项目的阅读推广方式，能够使大学生在轻松快乐的氛围中启迪思维、获取知识、感悟经典，有利于推动大学生对经典名著的深阅读，是图书馆读者服务工作新的拓展，将有助于我们从微观层面考察具体阅读推广活动的执行过程，从而为探索新的阅读推广模式积累经验。

思考题

1. 阅读推广方式的选择需要考虑哪些因素？
2. 结合本馆实际和读者特点，分析本馆开展时尚阅读推广有哪些优势。
3. 评价一项阅读推广活动效果的重要指标是读者参与度，请列举一些提高读者参与度的措施，以保证活动取得预想的效果。

4. 当前电视益智类、知识类节目形式多样且很受欢迎,请思考图书馆在开展阅读推广活动时可以借鉴哪些节目形式。

延伸阅读书目

[1] 彭斐章,费巍.阅读的时代性与个性[J].中国图书馆学报,2008(2):9-15,23.

[2] 王余光,汪琴.世纪之交读者阅读习惯的变化[J].图书情报知识,2005(8):5-8.

[3] 崔波,岳修志.图书馆加强阅读推广的途径与方式[J].大学图书馆学报,2010(4):37-39.

[4] 王涛.图书的构成要素与读者的阅读心理[J].图书馆理论与实践,2006(1):59-60.

第九讲

香氛、手作书籍与时尚阅读

江少莉[*]

【导读语】

　　当精油、手工书、艺术与图书馆发生碰撞，会产生什么？谁说图书馆就一定不如独立书店文艺、有创意？！读了本节的内容后，相信你会对文中设想的时尚活动及新型空间充满期待！——在一个芳香缭绕的阅读空间里，品香、读书，优雅闲适地制作手工精装书，未来的图书馆，将提供给读者体验各种创意生活的可能。

　　图书馆的同行们，是时候让创意和想象发生更大的撞击，跟进新型阅读体验了！

　　康德说："美是一种无目的的快乐。"时尚亦是如此。如《辞海》的定义："时尚是外在行为模式很快流传于社会的现象。如衣着、发型、语言等方面的一种异乎寻常的亚文化及其行为模式，往往很快吸引许多人竞相模仿，广为流传。"[①] 时尚总在一定群体中被"快乐"地竞相模仿。同时，时尚又是不断变动的，它的这种变动"赋予今天的时尚一种区别于昨天、明天的时尚的个性化标记，也满足了人们对差异性、变化、个性化的要求。"[②]

　　如今，时尚女性追求时尚魅力，精油或香水成为她们保持美丽、修养身心的必备用品之一；基于对精油的应用而展开的芳香疗法、香氛扩散系统及品香读书会，即为本文第一部分所要讨论的内容。在第二部分，笔者将介绍体现慢

---

[*] 江少莉，北京大学信息管理系 2014 级在读博士。曾在苏州图书馆从事阅读推广、活动策划工作。《全民阅读推广手册》副主编。

① 夏征农，陈至立. 辞海 [M]. 上海：上海辞书出版社，2010：721.
② 齐奥尔格·西美尔. 时尚的哲学 [M]. 费勇，等，译. 北京：文化艺术出版社，2001：72.

147

生活态度的手作书籍；此类书籍如今尚处于小众传播阶段，未来是否会广为流传，尚未可知。在第三部分，笔者将分享从北京言几又书店得到的、关于新型阅读空间创设的启示。

上述内容所涉及的案例均来自北京大学信息管理系主办的"出版与阅读文化读书沙龙"系列活动。该读书沙龙主要面向北京大学的研究生、博士及教师，注重跨学科、跨专业，旨在在具有一定阅读量和知识积累的人群中间推广阅读，弥补专业分工过细造成的知识过专而综合素养不足的弊端，体现知识的横向连接。活动由北京大学信息管理系组织，亦作为《出版文化研究》《公共阅读推广前沿研究》等课程探索社会阅读推广的试验田。每次活动举办前，北京大学网站BBS及北京大学社会科学部的网站均有活动预告、宣传，社会科学部还会通过群发邮件的形式告知全校的老师。活动至今已举办过"数字出版的理念、实践和探索——以童书出版为例"《准则》之下的读旅生活""一花一世界：女性危机与芳香生活——从《植物学通信》开始""诗意的栖居——数字时代的实体书店走向与发展新思路"等多次读书沙龙。读书沙龙通过邀请精英人士与师生分享读书的体会，连接起主讲人与听众之间的阅读体验、人生经验，从而达到思考、提升的目的。

第一节　品香：了解自然　关注人生

一、精油、香氛扩散系统与芳香疗法

当精油与阅读推广连接在一起，会产生什么样的全新阅读体验呢？

首先，让我们来了解一下精油。

精油是芳香植物的一种高浓缩提取物，是大自然给予我们的馈赠。它不仅能提供怡人的香氛，起到净化空气、消毒、杀菌的功效，还能帮助人们放松心情、减轻焦虑，同时还可以预防一些传染性疾病，从而促进身体的活力与心灵的健康。

在精油中，薰衣草、含羞草、柑橘、橙花、广藿香、白檀和云杉的香气能起镇静作用，香柠檬、乳香、黑檀香和紫罗兰的香气能起振奋作用，而茉莉和依兰的香气则能使人感到舒适和幸福。迷迭香在帮助人们提神醒脑的同时，还能激发灵感。甜橙精油则能够帮助释放不愉快的记忆，提高幸福的感受度。罗马洋甘菊能舒缓过敏的神经，也有助于妥当地表达观点。

基于各种精油的独特功效，日本、美国的一些公司使用香氛扩散系统，以让员工保持愉悦、轻松的心情和工作的高效率。目前，日本已有50个香氛扩散系统用于商业或市政办公室。这些公司的香氛系统会在每天的不同时间将不同种类的香氛输送到周围的空气中。如鹿岛株式会社，早晨使用柠檬、工作时间使用花类和木类香氛来保持轻松的氛围，而在工作即将结束时使用大量的柠檬以给员工提供回家路上应对交通压力的动力。香氛公司高砂株式会社的研究揭示，当在空气中扩散薰衣草精油时，敲击键盘的失误会降低20%，扩散茉莉原精时降低33%，而扩散柠檬精油时则降低54%。阶段性地改变周围的香氛，可以使人保持对气味的灵敏性和耐受性。[①]

而精油的芳香越来越受到现代都市女性的青睐。在众多的自然疗法中，芳香疗法可谓独树一帜，它不仅能帮助女性朋友改善生理功能，也能从情感需求的角度来抚慰她们细腻的心思、敏锐的感觉和温柔的情愫。很多瑜伽修行者在打坐的时候会熏乳香或者檀香等精油，就是很好的例子。

二、品香读书会案例

2014年11月21日，北京大学出版与阅读沙龙邀请了IFA（国际芳香疗法治疗师学会）讲师、芙葳芳香学院校长赵沛萱女士与北京大学信息管理系的硕士生、博士生进行了一次"女性危机与芳香生活"互动读书会，尝试在传统的读书沙龙活动中注入有关精油和品香的时尚生活理念。

[①] 芙葳芳香学院.【精油小筑】什么？香氛还有这些作用！[EB/OL].[2015–03–27]. http://mp.weixin.qq.com/s?__biz=MjM5ODI2Mjc2MQ==&mid=215384903&idx=1&sn=f11ac51dd175fe0a59bde9a5d4ae2825&scene=5#rd.

读书会围绕对卢梭著作《植物学通信》的分享，探讨自然与人生的关系，以及女性在当代生活中如何调适。《植物学通信》一书是卢梭撰写的博物学经典之作，文笔优美，对植物的讲解清晰有趣。赵沛萱女士详细解读了《植物学通信》一书，并推荐了她阅读过的与精油和植物有关的书，如卢梭的《植物学通信》、梭罗的《种子的信仰》、伯恩哈特的《玫瑰之吻——花的博物学》等。

读书分享的环节结束后，赵沛萱女士和她的助手在现场打开了一个个精致的小瓶子，通过闻香纸让同学们嗅闻每种精油的气味。同学们从来没有想到，一次读书分享会，竟然还有如此芳香美妙的体验，不仅有书籍分享的愉悦，还呼吸到了来自大自然的芬芳，心情非常舒畅。

当天参加读书会的王婧媛同学，后来还成立了一个项目研究小组，写出《精油社会网络分析报告》，得出了使用较为广泛和频繁的20多种精油，以及针对"恐惧""烦躁""负罪感""忧郁""情绪低落""疲倦""失眠""焦虑不安""沮丧"等心理及情绪的精油治疗方法[①]，将读书会现场的浅认识深化为深阅读研究。

而更为重要的是，品香读书会可以帮助学校的研究生、教师走出书斋，了解自然，让大家的关注点从自己的专业领域扩展到心灵、植物、自然层面，帮助大家扩大了知识面。参加读书会的九人中，后来有三位女生加入到了精油爱好者的队伍，从此一发而不可收，将芳香生活融入到了自己的生活习惯中，通过精油调整心情，让心灵充满更多爱自己与爱他人的能量。

三、当精油遇上图书馆

精油的扩散具有放松、疗愈心情的作用。上述的香氛扩散系统和芳香疗法，值得图书馆借鉴、采用。

如图书馆可以在特定的功能区域，在不同时段扩散不同的精油，让香气若有若无地在房间里弥漫，以满足读者不同时段或者阅读特定书籍的情绪需求。

---

① 程文婷，王婧媛，王晓笛，等. 精油社会网络分析报告[EB/OL]. [2015-02-04]. http://mp.weixin.qq.com/s?__biz=MjM5ODI2Mjc2MQ==&mid=213027700&idx=1&sn=a144a2cad846b5ea9541ed9e7180af89&scene=1#rd.

而芳香疗法，对于心灵治疗能起到意想不到的效果，与阅读疗法有异曲同工之处。图书馆员在对读者进行阅读疗法指导时，可以辅之以芳香疗法。如面对有学习障碍的青少年和儿童时，除了像王波在《阅读疗法》中指出的，教师和图书馆员应该选择那些可以引导并帮助青少年和儿童建立自尊、获得自我认同和独立性格的书籍[1]，以此来达到减轻学习障碍的目的；还可以熏柠檬和尤加利精油，帮助他们在学习时集中注意力，或者熏蒸迷迭香和罗勒精油，帮助他们增强记忆。

与精油、芳香疗法有关的书籍，图书馆也可以整理好后以专架展示的形式供感兴趣的读者选择阅读。有条件的图书馆还可以开设芳香阅览室或芳香分馆，让读者在香熏的氛围中，阅读与精油或植物有关的书籍，让书香与芳香共同浸润心灵。此外，图书馆还可以组织品香读书会或者读书沙龙，与读者分享相关主题的书籍或者PPT，现场闻香识精油，从书本和嗅觉两方面加深对每种精油气味、特性的了解。同时，还可以举办制作手工精油皂、精油唇膏、护肤品的活动，带领读者走进精油的奇妙世界。

图 9-1　精油小瓶　　　　　　　图 9-2　迷迭香

芳香主题的读书会还可以与传统文化相结合。精油取自植物的精华，其中不少植物，如茉莉、玫瑰、迷迭香，古人多有诗词吟诵。那么在介绍某种精油时，就可以诵读相关的古诗词。如认识迷迭香精油时，可以阅读曹植的《迷迭香赋》，

---

[1] 王波. 阅读疗法 [M]. 北京：海洋出版社，2007：176.

先读序:"迷迭香出西蜀,其生处土如渥丹。过严冬,花始盛开;开即谢,入土结成珠,颗颗如火齐,佩之香浸入肌体,闻者迷恋不能去,故曰迷迭香。"再品诗:"播西都之丽草兮,应青春而凝晖。流翠叶于纤柯兮,结微根于丹墀。信繁华之速实兮,弗见凋于严霜。芳暮秋之幽兰兮,丽昆仑之英芝。既经时而收采兮,遂幽杀以增芳。去枝叶而特御兮,入绡縠之雾裳。附玉体以行止兮,顺微风而舒光。"举办读书会的同时,可以闻香或熏香,将芳疗与对古诗词的品读结合起来。

图9-3 "女性危机与芳香生活"读书会现场

图9-4 赵沛萱女士推荐《玫瑰之吻——花的博物学》

第二节　手作书：知识的再生，艺术的创造

一、手作精装书：体验"书籍之美"

开创"书籍之美"理念的 19 世纪英国设计大师威廉·莫里斯（William Morris）曾经说过，"书不只是阅读的工具，也是艺术的一种门类"。[1] 手作书籍更是如此。

手作书，包括手作欧式精装书和中国毛边书。其中，精装书的装订技巧源自中世纪的欧洲，其目的是将散页的手抄本或刻印本装订成册，便于阅读。在古腾堡将从中国传来的印刷术加以改良、用金属活字大规模印刷《四十二行圣经》（1455 年）之前，[2] 书籍都是靠手抄本流传的。当时，抄写一本《圣经》差不多需要一年工夫，只有教士和贵族才有足够的资源抄写和刻印书本，因此书籍显得特别珍贵；[3] 拥有者更不惜工本，将之装订加固，甚至加上豪华的装潢修饰。传统手工精装书的切口都是用颜色或大理石纹理修饰，而宗教出版物则常采用镶金的修饰。[4] 如今流传下来的中世纪修道院僧侣书写的手抄本，不仅字体优美，而且多有细腻的绘饰花边，其精美程度堪比艺术品。

那么，如何手工制作一本精装书呢？

作为书籍的一种精致制作方法，精装书的主要做法是在书的封面和书芯的脊背、书角上进行各种造型加工。如书芯加工就有圆背（起脊或不起脊）、方背；书角分方角和圆角等；封面加工又分整面、接面、方圆角、烫箔、压烫花纹图案等。[5]

从做书的步骤上说，首先，要确定书的思想、主题。

其次，要准备好做书的材料：封面用纸、内页用纸、堵头布、麻绳、装帧

---

[1] 吕敬人. 书艺问道 [M]. 北京：中国青年出版社，2006：75.
[2] 肖东发，于文. 中外出版史 [M]. 北京：中国人民大学出版社，2010：196–197.
[3] 李彬. 全球新闻传播史（公元 1500–2000 年）[M]. 北京：清华大学出版社，2005：65.
[4] 肖巍. 书籍装帧设计 [M]. 武汉：武汉大学出版社，2013：20.
[5] 王淮珠. 印后装订 1000 问 [M]. 北京：化学工业出版社，2006：25.

线、折纸刀/刮板、白乳胶、锯刀、剪刀、锥子、缝纫针、钢尺、铅笔、双面胶、小毛刷（涂胶用）等。书籍内页的纸张种类包括普通打印纸、无酸纸、蒙肯纸、道林纸等。书籍封面的材料包括布、丝绸、平绒、织锦缎、古香缎、金辉缎、花万金缎、金银丝绦花缎等缎料，羊皮，猪皮，人造革等。

再次，排版、打印好书的内页内容，可以用InDesign、Photoshop、Illustrator、CorelDRAW或者方正飞腾软件进行排版。

最后，进入制作过程，包括确定书籍的开本大小、切纸、用刮板将纸张对折、捶打折边、修边、用锯刀在叠纸的折边钻孔、叠纸依次穿棉线，将麻绳卡住、制作扉页、裁卡纸制作封面、拿拱形物体将书脊卡纸压出拱状、在内页叠纸的书脊上贴堵头布及纱布、用白乳胶将封皮贴在书的内芯上、在书脊和封面的凹槽间绑麻绳等步骤。初步制作成功后用重物压放数日。

图 9-5 内页纸穿线

图 9-6 初步完成的书芯

图 9-7 制作书的封面

图 9-8 最终完成的手作书

二、手作书籍：艺术创作与慢生活态度

按上述步骤手做一本精装书，一般得连续花费七八个小时甚至更长的时间，还不包括选材料、编辑和排版、初步制作完成后压纸的时间。这无疑是一项慢工出细活、需要耐心和细心的活动，而且对制作者的审美、动手能力有一定的要求。

那么，手作书籍在社会上受关注的程度如何？虽然没有具体的统计数据，但在百度输入"手工 精装书 制作"等关键词，可以找到相关结果约49万个。网友们有人询问如何制作一本像高端杂志一样的书，有人解答如何排版、如何选纸，还有人整理上传"六步骤精装书制作法""卜卜教你做手工书""自己动手给自己做一本手工的精装书"等实践操作的内容。而在北京、上海等大城市，已经有艺术工作室，如北京的尤伦斯当代艺术中心、上海JUE Lab创意技术研发实验室开始进行尝试，培训顾客制作手工精装书。由此可见，手工做书这门"手艺活儿"，虽然费时耗力，却以其带有艺术创作的特点得到了年轻人的喜爱，在喜欢阅读、收藏和品鉴纸书的群体中形成了一种小众风尚。

说其为艺术的创造，不仅指经过精工细作创作出的精装书本身就是一件艺术品，也指手工做书的过程是一次对艺术的体验，还指制作者对书籍装帧独一无二的审美品位，及其耐心、细致、不厌其烦、只为更美更精致的创作情怀。参与一次做书活动，其实就是对艺术行为的一次感受与实践。

从生活艺术的层面来讲，手作书籍还体现了现代快节奏社会中的慢生活态度。从容地裁纸、折纸、钻孔、穿线、贴封皮、压纸，全身心投入到手作书籍的每一个过程，也是让呼吸慢下来的过程，它让我们聆听到内心的声音，回归宁静与和谐。

作为慢生活方式之一的做手作书籍，需要制作者不惜时间的投入，只为把书籍打造成一件精美的艺术品。而对细节的追求越完美，越精益求精，所花费的功夫越大——这在功利社会看起来似乎显得"无用"，但终究有爱书者热衷于此，懂得它的价值所在。正如爱马仕前总裁克里斯蒂安·布朗卡特在《奢侈：

爱马仕总裁回忆录》一书中所言："有的是时间来创作一款香水，这才是真正的奢侈。""拿出时间来好好做事情，拥有自己当下的时间，分享自己宝贵的时间，或者把时间留给自己，并真实地考虑时间能给一件东西带来的，一如它赋予每个人的命运，那是一种浓度、一种机会、一种价值。"

同样，有的是时间，按自己的节奏来，亲手制作一本精装书，了解纸张一步步装帧成一本精美的书籍艺术品的过程，也不失为一种奢侈的慢生活"艺术"行为。

三、手作、手写：一种阅读文化

手作书籍是知识再生、艺术创造的过程。制作者通过手工做书，培养了自己对知识的敬畏之情，提高了对书的审美品位，更加明白内容好与形式美兼备才是真正的好书。而手工书创作后所进行的阅读行为，因精装书的稀缺、精美、独特，让人倍觉珍贵，其带给人的阅读体验是装帧简单的廉价电子书所不能比拟的。

手作精装书的内页正文，可以印刷，也可以手写。其中，手写的方式更是通过一笔一画传递了文字的温度，让阅读者倍觉温暖。在数字化时代，以手作和手写为代表的阅读文化，体现了喜爱纸书的人们对阅读的坚持和热爱。

手作书籍涉及中西装帧工艺、版式编排设计等一系列内容，需要专业的机构来指导读者制作。而图书馆作为社会阅读推广的重要阵地，有足够的书文化资源，因此可以尝试举办手工制作精装书的活动，引导读者了解书籍装帧，培养他们对书籍的感情以及对图书馆的热爱。

除了开展手作书活动外，图书馆也可以充分利用手写文化开展日常服务，比如推出"手写推荐语"导读服务，在阅览室的书架旁，贴上馆员手写的关于新书、好书、专题书籍的推荐语卡片，在第一时间吸引读者的眼球，引发读者深入阅读推荐的书籍。手写推荐语的字数不限，可以用黑色水笔或者色彩鲜亮的彩色笔书写，还可以在推荐语旁配上可爱的动漫，让卡片显得更有生趣。除了在书架上贴手写推荐语卡片外，还可以在阅览室放置一块黑板，每周写上"专题荐书""新书推荐""好书分享"等信息。此外，可另辟一处展板区或文艺墙，提供贴纸、水笔、水彩笔等工具，让感兴趣的读者在纸上涂鸦自己的读书心得，贴到展板或墙上,参与到推荐语的交流中;还可以准备精美的本子,让读者留言、随意书写文字或画画。

第三节　新型阅读空间:让舒适、轻松无处不在

前面两部分提到了举办品香读书会、手作精装书活动的设想,而此类时尚阅读推广活动的开展,首先需要创设一个在视觉和功能上满足都市白领等时尚人群需求的交流空间。因为室内环境的布置也潜在影响着读者的阅读习惯与阅读兴趣,一个好的阅读空间可以吸引更多的人参加活动。如 2014 年 12 月 31 日,北京大学出版与阅读沙龙举办"诗意地栖居——数字时代的实体书店走向与发展新思路"读书沙龙,讨论清水玲奈《书店时光》、钟芳玲《书天堂》《书店风景》、田原《书店之美》等书,就选择了北京言几又书店的时尚、明亮的活动场地,让阅读主题与环境相契合,调动起了活动参与者分享阅读的热情。

图书馆的时尚阅读空间要带给人优雅、纯粹、品位不凡的愉悦感受。首先,可以依照美国社会学家雷·奥登伯格提出的"第三空间"的特点进行功能的整体设计,即:(1)经济性,免费或花费不高;(2)人性化,可以获取食物及饮品;(3)便捷性,容易访问或获取;(4)亲切性,接近或临近大众;(5)影响性,有固定的、核心的客户;(6)舒适性,受使用者欢迎;(7)互动性,容易在此会见老朋友或结识新朋友。[1]其次,突出"时尚离不开艺术,艺术可以创造时尚"和现代图书馆环境的人文设计理念,定位空间的设计风格,创设一个文化性与艺术性相结合的阅读空间。最后,要在空间布局上精心规划,通过空间内立面装修、书架、家具陈设、植物配景、灯饰效果等软装搭配,取得完美的视觉效果。

除了在文化创意上充分展现现代图书馆的空间布置外,图书馆还可以尝试新的元素与概念,比如借鉴一些书店、书吧的现代装修风格,像北京的言几又书店、南京的"先锋书店"、苏州的"猫的天空之城"概念书店,融入了与书

---

[1] Ray Oldenburg .Celebrating the third place[J].Transition Vendor,2001(11):14–19.

籍文化有关的创意理念和模式。

如言几又书店就通过"书墙"展现出富有鲜活生活方式的文学气息。该店一楼通往二楼的楼梯伴随书本旋转而上，书籍形成了视觉上的楼梯扶手，拓展了空间，同时带给人极大的视觉冲击感。二楼的活动厅用内嵌式的书架作为墙面装饰，辅以活跃环境氛围的明黄色家具和室内照明设计，在整体简洁的空间内，传递出一种现代的新潮风格。

图9-9 北京大学信息管理系师生站在言几又书店的旋转书梯上

图9-10 言几又书店二楼的活动厅

言几又书店的另一个特色是一楼里间随处可见一个个懒人圆形坐垫，读者坐在坐垫上可专心阅读。这对公共图书馆来说，也是个很好的启示。因为并非所有的读者都喜欢正襟危坐在硬座椅上看书，有些时候，读者也希望能像在家里一样，放松、舒服地进行休闲阅读；而这时，阅览室角落里一个柔软的坐垫或沙发，对于读者来说，便是极其贴心的服务了。

图 9-11 言几又书店一楼的读书场景和坐垫布置

图 9-12 北京大学信息管理系师生在言几又书店讨论《书店时光》等书

除了营造舒适、带有艺术格调的空间氛围外，还需更新理念，将"舒适、轻松"的气氛从硬件设施延伸到软件服务上，并贯穿活动的全过程。比如，时尚主题读书会可以采用开放、自由的小圆桌形式，以方便读者讨论。在条件允许的情况下，还可以准备一些都市时尚女性喜爱的饼干、糖果、甜点、咖啡、茶叶等，根据需要在讨论前或讨论时播放轻缓优美的背景音乐，营造轻松愉悦的氛围。如果图书馆中开辟有咖啡吧和茶吧（如苏州独墅湖图书馆），在咖啡吧或茶吧里三两围坐，一边吃一小块蓝莓慕斯、啜一口卡布奇诺或细品一杯香茗，一边分享时尚主题书籍，是再美不过的阅读体验了。

第四节　对公共图书馆阅读推广的启示

目前，公共图书馆面向少儿和老年人群体的阅读推广活动办得有声有色，但是，图书馆的资源利用还远远不够。我们的阅读推广受众人群中普遍缺失了老年、少年之外的中年、青年人群，图书馆的丰富资源还远未得到最大限度的利用。因此，我们有必要开拓时尚阅读推广的领域，把年轻人、时尚白领争取到图书馆来。

在举办时尚阅读推广活动方面，图书馆具有文献资源和空间优势。公共图书馆在提供书籍、信息等传统服务之外，已经逐步成为读者学习、聚会、分享知识、开拓思维，甚至进行跨领域合作创造的场所。此外，依托于以往阅读活动所积累的社会资源，图书馆还具有联合社会各界力量的优势。

那么，在进行阅读推广方面，该如何为图书馆的活动注入时尚的元素？笔者认为，所谓时尚阅读推广，更重要的是在传统活动形式的基础上，加入时尚、创新、前沿的内容，帮助读者扩展知识面，了解我们的时代。通过上述的活动案例，笔者总结出以下六点启示。

第一，时尚阅读推广活动，不仅要利用新形式，吸引读者参与，更重要的是，要在做好传统活动的基础上，引入时尚的内容。如传统的读书沙龙就具有强大的生命力，是开展时尚阅读推广的有效活动形式。

第二，跨界整合资源。举办活动时，要充分利用社会力量，整合相关机构的专家、媒体、人力、物力等资源，利用好群策群力的优势。同时，可以组建智囊团，为阅读推广活动出谋划策。

第三，内容跨界，不拘一格。阅读推广活动，不仅仅与书有关，而且可以把与活动内容相关的非书本阅读的元素加入进来。"天地阅览室，万物皆书卷"，读书是一种阅读，品物读人亦是一种可以增长见识的"阅读"。图书馆的阅读推广活动在读书分享的基础上，可以更加有趣、生动。

第四，时尚阅读推广不仅要注重阅读内容的策划，也要注重阅读环境的营造，为读者提供与活动内容相契合的阅读环境。

第五，阅读推广活动还要注重宣传。不仅在活动开展之前要宣传，最大限度地吸引潜在读者前来参加活动，而且要做好活动后的媒体宣传，通过扩大社会影响力吸引更多的潜在读者。此外，如果是系列活动，还要做好后续的读者维护工作，建立固定的读者交流平台。

第六，对于图书馆工作者来说，要开展好时尚阅读活动，不仅要及时从网络、报刊上获知时尚风向，而且要活跃起来，不时走出去，深入到社会上年轻人、白领丽人聚集的沙龙活动中，实地了解时尚青年的需求和流行风尚，再根据实际情况，开发时尚元素与图书馆特色相结合的活动。

附 文

"出版与阅读文化沙龙"中开列的个性化阅读书单

在我们的几次读书沙龙活动中，主讲人推荐的个性化阅读书单受到了老师、同学们的欢迎。主讲人在推荐书单的时候都能娓娓道来，因为这些书都是他们本人阅读过的，且深受他们的喜欢。这给我们带来启示：举办推荐书目活动，一要保证推荐人对推荐的书籍非常了解、仔细读过，二要保证推荐的效果。

以下为主讲人的推荐书单。

一、洞见和新思维

1.〔美〕凯文·凯利：《失控：全人类的最终命运和结局》《科技想要什么》《技术元素》《新经济，新规则》

①《失控：全人类的最终命运和结局》
〔美〕凯文·凯利/著，东西文库/译，新星出版社2010年12月版

②《科技想要什么》
〔美〕凯文·凯利/著，熊祥/译，中信出版社2011年11月版

③《技术元素》
〔美〕凯文·凯利/著，张行舟，余倩 等/译，电子工业出版社2012年6月版

④《新经济，新规则》
〔美〕凯文·凯利/著，刘仲涛，康欣叶，侯煜/译，电子工业出版社2014年6月版

2.〔美〕纳西姆·尼古拉斯·塔勒布：《黑天鹅：如何应对不可预知的未来》《随机漫步的傻瓜》《反脆弱：从不确定性中受益》

①《黑大鹅：如何应对不可预知的未来》
〔美〕纳西姆·尼古拉斯·塔勒布/著，万丹，刘宁/译，中信出版社2011年10月版

②《随机漫步的傻瓜》
〔美〕纳西姆·尼古拉斯·塔勒布/著，盛适时/译，中信出版社2012年7月版

③《反脆弱：从不确定性中受益》
〔美〕纳西姆·尼古拉斯·塔勒布/著，雨珂/译，中信出版社2014年1月版

第九讲 9
香氛、手作书籍与时尚阅读

3.《认知盈余：自由时间的力量》

〔美〕克莱·舍基／著，胡泳，哈丽丝／译，中国人民大学出版社，2012年1月版

4.《大连接：社会网络是如何形成的以及对人类现实行为的影响》

〔美〕尼古拉斯·克里斯塔基斯，〔美〕詹姆斯·富勒／著，简学／译，中国人民大学出版社2013年1月版

5.《如何改变世界：社会企业家与新思想的威力》

〔美〕戴维·伯恩斯坦／著，吴士宏／译，新星出版社2006年4月版

6. Principles

Ray Dalio/ 著，Bridgewater 2011年版

7.《免费：商业的未来》

〔美〕克里斯·安德森／著，蒋旭峰，冯斌，璩静／译，中信出版社2012年10月版

8. 克莱顿·克里斯坦森:《创新者的解答》《创新者的窘境》

①《创新者的解答》

〔美〕克莱顿·克里斯坦森，〔加〕迈克尔·雷纳／著，李瑜偲，林伟，郑欢／译，中信出版社2013年10月版

②《创新者的窘境》

〔美〕克莱顿·克里斯坦森／著，胡建桥／译，中信出版社2014年1月版

9. 杰克·特劳特:《定位：有史以来对美国营销影响最大的观念》《重新定位》《商战》《22条商规》

①《定位：有史以来对美国营销影响最大的观念》

〔美〕杰克·特劳特，〔美〕艾·里斯／著，谢伟山，苑爱冬／译，机械工业出版社2011年1月版

②《重新定位》

〔美〕杰克·特劳特，〔美〕史蒂夫·里夫金／著，谢伟山，苑爱冬／译，机械工业出版社2011年7月版

③《商战》

〔美〕艾·里斯,〔美〕杰克·特劳特／著,李正栓,李腾／译,机械工业出版社2011年2月版

④《22条商规》

〔美〕杰克·特劳特,〔美〕艾·里斯／著,寿雯／译,机械工业出版社2013年8月版

10.《周鸿祎自述:我的互联网方法论》

周鸿祎／著,中信出版社2014年8月版

二、社会和人生

1.《孤独六讲》

蒋勋／著,广西师范大学出版社2009年10月版

2.《别处生活》

晏礼中／著,中国华侨出版社2012年4月版

3.《乡关何处》

野夫／著,中信出版社2012年5月版

4.彼得·海斯勒中国三部曲:《寻路中国》《江城》《甲骨文》

①《寻路中国》

〔美〕彼得·海斯勒／著,李雪顺／译,上海译文出版社2011年1月版

②《江城》

〔美〕彼得·海斯勒／著,李雪顺／译,上海译文出版社2012年2月版

③《甲骨文》
〔美〕彼得·海斯勒／著，卢秋莹／译，久周出版 2007 年 5 月版

5.《一个游荡者的世界》
许知远／著，广西师范大学出版社 2011 年 9 月版

6.《额尔古纳河右岸》
迟子建／著，北京十月文艺出版社 2005 年 12 月版

7.《饥饿的女儿》
虹影／著，安徽人民出版社 2013 年 6 月版

8.《骑车走运河》
徐林正／著，北京大学出版社 2010 年 7 月版

9.《罗马人的故事》（全 15 册）
〔日〕盐野七生／著，计丽屏，刘锐，徐越，田建华，田建国 等／译，中信出版社 2013 年 10 月版

三、植物学和芳香疗法

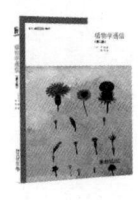

1.《植物学通信》
〔法〕让·雅克·卢梭／著，熊姣／译，北京大学出版社 2013 年 6 月版

2.《种子的信仰》
〔美〕梭罗／著，江山／译，东方出版社 2014 年 5 月版

3.《玫瑰之吻——花的博物学》

〔美〕伯恩哈特/著,刘华杰/译,北京大学出版社2009年7月版

4.《一花一世界——女性危机与芳香生活》

赵沛萱/著,天津科学技术出版社2012年1月版

5.《树,一棵花旗松的故事》

〔日〕铃木大卫,〔加〕伟恩·葛拉帝/著,林茂昌/译,猫头鹰书房2010年10月版

6.〔英〕瓦勒莉·安·沃伍德:《芳香疗法配方宝典》(上、下)、《芳香疗法情绪宝典》

①《芳香疗法配方宝典》(上、下)

〔英〕瓦勒丽·安·沃伍德/著,陈评梅,冯凯/译,中信出版社2013年10月版

②《芳香疗法情绪宝典》

〔英〕瓦勒丽·安·沃伍德/著,陈评梅,冯凯/译,中信出版社2014年4月版

7.《美,看不见的竞争力》

蒋勋/著,中信出版社2011年10月版

8.《水知道答案》

〔日〕江本胜/著,猿渡静子/译,南海出版社2013年10月版

思考题

1. 除了芳香疗法外,图书馆还可以将茶艺、香道与读书活动结合起来。除此之外,你还有其他时尚的活动创意吗?
2. 将书籍文化和手工艺术结合起来的活动,除了手作书籍、手写推荐语外,还可以开展哪些活动?

3. 观察你周围的书店，它们在空间布局的设计上有哪些值得图书馆借鉴的地方？
4. 请设计一次时尚元素与本馆特色相结合的阅读推广活动。
5. 请根据特定的人群，制作一份个性化阅读书单。

延伸阅读书目

[1] 赵沛萱. 一花一世界：女性危机与芳香生活 [M]. 天津：天津科学技术出版社，2012.

[2] 沃伍德. 芳香疗法情绪宝典 [M]. 陈评梅，冯凯，译. 北京：中信出版社，2014.

[3] 卜卜. 卜卜教你做手工书 [EB/OL]. [2012-06-30]. http://www.douban.com/note/222767680/.

[4] 黑柳豆豆王. 自己动手给自己做一本手工的精装书_百度经验 [EB/OL].[2015-01-24].http://jingyan.baidu.com/article/a3761b2badb5591576f9aa9d.html.

[5] 别内尔特，关木子. 书籍设计 [M]. 贺丽，译. 沈阳：辽宁科学技术出版社，2012.

[6] 杉浦康平. 亚洲的书籍、文字与设计 [M]. 杨晶，李建华，译. 北京：生活·读书·新知三联书店，2006.

[7] 薛原，西海固. 独立书店，你好！：第三季 [M]. 北京：金城出版社，2013.

第十讲

书模表演——视听文化相结合的阅读推广

王莫离[*]

【导读语】

说到阅读，你可能会联想到书房、课堂、湖畔，那阅读的人儿或许正襟危坐、严肃认真，或许轻松惬意、自由自在——不管怎样，那场面一定都是安静的。但是你想过把阅读和动感的模特表演联系在一起吗？你想过用模特表演的形式进行阅读推广吗？什么？阅读＋模特？你一定瞪大了眼睛，不要惊奇，请随我一起领略南阳师范学院图书馆基于视听文化相结合的创新阅读推广——书模表演。

2012年，中国图书馆学会大学生阅读推广委员会曾面对全国高校做了一次"高校图书馆阅读推广的形式与评价"问卷调查，调查结果认为：高校图书馆常用的阅读推广形式有读书征文比赛、图书推介、名家讲座、图书捐赠、读书有奖知识竞赛、图书漂流、精品图书展览等17种；目前存在的问题有两类：一是活动效果不尽如人意、与组织者的付出不成比例，二是活动缺乏系统性和常规性。针对这种情况，许多图书馆在阅读推广的形式与途径上做了更加广泛的探索与实践。

南阳师范学院图书馆早在1990年就发起成立了"绿茵读书会"。该协会立足图书馆，以富有导读经验和活动组织能力的馆员任专职指导老师，协会的宗旨是指导会员"多读书、读好书、会读书"，并竭诚为会员搭建相互学习、相互交流、锻炼才能、施展才华的平台，以提高同学们的阅读、写作、演讲、鉴赏、组织协调、交际等各种能力为己任，力争把会员培养成为能够适应社会，具有较高综合素质的新型人才。

---

[*] 王莫离，南阳师范学院图书馆参考咨询部主任，副研究馆员，中国图书馆学会大学生阅读委员会委员，著有《新阅读论》等，发表论文20余篇。

25年来，绿茵读书会发展会员1万多人，围绕"阅读文化经典—建设书香校园"这个中心，我校图书馆每年确定一个读书主题，成立读书活动领导小组，制订读书活动计划，每年平均开展各种读书活动100多场次。"绿茵读书会"连续多年被评为校级优秀社团和南阳市书香单位，2003年、2008年被评为河南省高校优秀学生社团；我馆2003年至2013年连续被河南省图书馆学会评为河南省"全民阅读"先进单位；2009年度和2012年度两次被中国图书馆学会评为全国"全民阅读"先进单位；2013年度被中国图书馆学会评为"全国全民阅读示范基地"；中国图书馆学会网站、全民阅读网站、《河南日报》、河南电视台等媒体，对"绿茵读书会"的读书活动做了大量报道。绿茵读书会成为南阳师院乃至河南省"全民阅读"活动中的一面旗帜。

多年来，我们以绿茵读书会为平台，以读书活动为载体，培养了一大批品学兼优的优秀人才，并在实践中打造了一系列传统读书活动品牌，我们的阅读推广案例"书香文化广场"在2013年度中国全民阅读年会上荣获评委会特别奖，"绿茵讲坛""绿茵读书会"在中国图书馆学会举办的全国阅读推广案例大赛和书友会案例大赛中均获一等奖。本文介绍的书模表演就诞生于荣获2013年度中国"全民阅读"年会评委会特别奖的"书香文化广场"。

第一节 书模表演的背景

在长期的阅读推广活动实践中，我们发现了许多问题，比如阅读推广活动往往缺乏系统的整体规划，没有明确的目标；缺少制度性保障，规模与反响不尽如人意；阅读推广宣传往往以图书馆为中心，很少考虑大学生的阅读需求特点；活动的内容和形式较为单一，不足以引起读者的兴趣和注意等。2004年10月，我们举办图书馆常规的阅读推广活动——书香文化广场，读书活动领导小组在策划和组织活动的过程中，号召大家集思广益，创新活动形式。

当今社会，注意力逐日稀缺，如何保持受众足够的注意力，应该是包括图书馆在内的任何组织持续发展的动力，也是证明其存在意义的重要标准。那么，如何通过阅读推广活动来提高和保持自己的吸引力呢？在苦苦的思索中，笔者受到时装发布会服装模特表演的启发，想到把书香模特表演的形式引入到"书香文化广场"活动中，这个想法一经提出，立刻得到了我校图书馆领导的首肯和支持。

第二节　书模表演的策划与推出

一、书香模特的定位

模特由英语的"Model"音译而来，主要是指用自己的形象展示、诠释时尚产品、广告、艺术等的人。她们通常是展示企业产品文化或品牌形象的载体。模特一词也代表了从事这类工作的人的职业。在实际运作中分为特定人物模特、产品形象模特、试衣模特和礼仪模特等。至于"书香模特"或者包含此类含义的模特，还没有一个确切定义，那么是否可以说，"书香模特"是我们南阳师院图书馆的首创呢？

图 10-1　馆员书香模特造型

既然没有现成的先例，那我们就依据传统模特的内涵，结合阅读推广的含义，为我们的"书香模特"做出这样的定义：它是阅读推广机构为促进全民阅读，利用模特，给图书、杂志等其他各种纸质文献带来更多展示机会，提高其吸引力，进行阅读推广传播的主要载体。"书香模特"的定位是文化传承和阅读文化传播的媒介，是阅读文化的传播大使，虽然其与传统意义上的模特一样，具有产品代言的含义，但其传播内涵与指向是截然不同的：传统模特主要展示产品和时尚信息，而"书香模特"传递的却是一种思想、一种信念、一种习惯。它绝不是大众意义上穿几件漂亮衣服、走走猫步的时装模特表演，它具有更深层次的文化内涵，展示的不仅仅是外表和造型，最根本的是要展示一种文化品格、文化内涵和文化气质，真正起到联系阅读和大众的媒介作用。"书香模特"不一定是令人惊艳的，但一定会是耐人寻味的。

图 10-2 大学生书香模特造型

二、书香模特选拔

我们以绿茵读书会为主，在全校进行了书模表演的人员选拔。我们的选拔条件：一是热爱阅读，比较了解本校图书馆馆藏，具有较高的文化修养和阅读能力；二是具备一定的表演能力，能够展现书的文化魅力。

选拔分为三个阶段。第一阶段是读书知识问答，这个阶段主要考查选手的阅读修养、文化内涵；答题范围包括文学常识、图书馆文献检索基础知识，以选手随机抽题的形式进行。

第二个阶段是好书推荐，由选手向大家推荐自己读过的一本好书或一篇好文，介绍该书的作者、创作背景、中心内容，并即兴发表读书感言。

第三个阶段是才艺展示，考查选手的站姿、步态、仪态，并由选手展示自己的特殊才艺。

经过精心选拔，我们组建了首支由 30 名气质高雅、具有书香风韵的女大学生和图书馆馆员共同组成的"书香模特"表演队。

三、模特培训

不同的图书，有不同的表演风格和表演形式。如：理工类图书的展示要有庄重大气的造型、稳重从容的步态和磅礴凝重的音乐；社科人文类图书要有端庄典雅的外部造型、行云流水般的步态，并配以低回婉转的古典音乐；而对于大学生喜闻乐见的流行类图书，我们则采用青春靓丽的造型、轻盈优雅的步态和节奏轻快的流行音乐。

为了提高模特的文化素质，我们确定了必读书目，要求模特必须阅读并写读后感，最终通过自己的表演展示书本的文化内涵和魅力，摒弃华而不实和浮夸的表演形式。

四、策划首场表演

经过精心酝酿和充分准备，2004 年 10 月，在我校图书馆主办的书香文化广场开幕式上，我们隆重推出了"书香模特"表演。

图 10-3　2004 年，南阳师院图书馆"书香模特"表演首次登上阅读推广舞台

"书香文化广场"开幕式的开场节目是绿茵读书会会员朗诵的、由河南省著名诗人王怀让先生创作的诗歌《我是……》。这是一首大气磅礴、充满人文情怀的诗歌，诗人热情地赞颂文化经典的辽阔、浩瀚、高远与深邃，激励人们攀登书山，遨游书海，探索书径。我们决定以朗诵与书模表演相结合的形式来展现它。为了更好地展现这首诗歌所蕴含的文化内涵，我们选择了优美深沉而洋溢着民族情调的《大漠敦煌》作为背景音乐，服装上选择了中华民族经典的旗袍，模特展示的图书全部是中外经典名著。当我们的"书香模特"手持经典，在悠扬低回的音乐声中，在充满激情的朗诵声中款款而来时，全场立刻响起热烈的掌声和喝彩声。演员们通过优美的造型、灵动的队形变换、沉静典雅的表演和声情并茂的诗歌朗诵，给全校师生带来了一场具有强烈冲击力的视听盛宴，令大家耳目一新。南阳电视台拍下了这一经典的场面并在当晚的新闻中播放，随后河南电视台也播出了我们的"书香模特"表演。至此，我们的书模表演成功地登上了阅读推广的大舞台，并且收到了一定范围的轰动效应。

第三节　打造品牌

"书模表演"受到了广大师生和读者的喜爱和欢迎，那么如何使这个形式与

第十讲
书模表演——视听文化相结合的阅读推广

阅读推广更广泛、紧密地结合，并使它成为我们的阅读推广品牌，是我们下一步探索和实践的重点。在图书馆读书活动领导小组和绿茵读书会会员的共同努力下，我们又成功地举办了一系列以"书模表演"为载体的阅读推广活动，并收到了显著的效果。

一、新书展览与书模表演

新书展览是许多图书馆的传统阅读推广活动，在以往的活动中，一般是把新书放在展架上，让读者随意浏览。在这次创新活动中，我们仍然采用视听结合的方法，把一些有代表性的新书让模特进行展示，并由主持人向大家介绍新书的作者、内容及创作背景。这种令大家耳目一新的新书展览方式，立刻成为校园的文化盛宴，新书借阅率比传统的新书展览活动提高了40%，并引起南阳作家群的关注，知名作家行者、水兵等纷纷与我们合作，利用"书模表演"这个平台，成功举办了南阳作家群签名售书活动。

图10-4 新书展览与"书模表演"

175

图 10-5 以"书模表演"为平台的南阳作家群签名售书活动

二、绿茵文苑与书模表演

《绿茵文苑》是我们绿茵读书会的会刊,已经创刊 25 年,主要栏目有"读书随想""小说文苑""诗歌杂文""图情快讯""绿茵掠影"等。我们以《绿茵文苑》为平台,每年举办读书征文比赛,发布读书活动信息、图书馆读书导航等,使之成为图书馆联系广大师生读者的一条文化纽带。为了宣传我们的会刊,扩大《绿茵文苑》在学校的知名度,拓宽我们的阅读推广宣传面,我们每年都会在大型读书活动中推出以绿茵读书会会员为主的"书模表演"。同学们根据栏目的不同设置,配合主持人的介绍,分批出场展示,或典雅沉静,或青春勃发。精彩而别开生面的阅读推广活动,不仅吸引了大学生的眼球,而且有越来越多的学生报名参加我们的"书香模特队"活动,大大提高了《绿茵文苑》的知名度。截至 2015 年 8 月,《绿茵文苑》已出版编辑至第 28 期,发表师生原创作品 2000 余篇 170 多万字,成为闻名校园内外的知名读书刊物。

图 10-6 《绿茵文苑》展示表演

三、经典诵读与"书模表演"

经典诵读活动既是我校传统的读书活动之一,也是师生喜闻乐见的读书活动。2013 年 10 月,图书馆联合校工会举办南阳师院教职工"经典诵读"大赛,我们再次把书模表演和读书活动完美地糅合在一起,并在表演形式和服装造型上做了大胆的创新和尝试,不仅有造型展示和朗诵,而且加入了吟唱。

这次表演我们吸收了男性模特,结合朗诵古代诗文,模特服装选择古代的长袍装束,手中所持书籍也是我们特意定制的竹简,并且现场采用古筝配乐。在幽幽琴声中,"书香模特"手持竹简,迈着斯文庄重的方步,缓缓上台;他们或展卷沉思,或捧书轻吟,或两两交流;在完成一系列的造型后,排成两行,展开书卷,集体朗诵了唐代王维的《送元二使安西》;而后在古琴的伴奏下,集体吟唱了这首诗。别开生面的演出立刻将诵读大赛推向高潮,在校园里传为美谈。

图 10-7　教职工"书模"表演《送元二使安西》

图 10-8　图书馆教职工"书香模特"在表演

图 10-9　图书馆教职工"书香模特"在展示古籍

第四节 活动效应

一、突出书香效应

自 2004 年"书香模特"表演推出以来，我们共举办了 50 多场以此为载体的读书推广活动，"书模表演"的内涵越来越丰富，表演形式也逐渐多样化；每年通过"书香模特"表演展出的各种书籍，借阅率都会一路攀升。"书模表演"在多种阅读推广活动中展现出卓越不凡的风姿，逐渐成为我校成熟的阅读推广品牌。我们的"书香模特队"也日益壮大，每年新生入学之后，我们都会举行书香模特选拔赛，组队培训；同时，我们图书馆教职工也成立了"书香模特队"，定时举办活动，"书香模特"表演队成为校园里一道亮丽的文化风景线。

二、活动本身即是对阅读文化的传播

"书模表演"从起步开始，我们就把它定位为阅读文化的传播大使，"书模表演"必须从里到外散发书香。选拔"书香模特"的过程就是阅读文化传播的过程。"书香模特"本身就必须是阅读爱好者，我们还有模特必读书目，通过对"书香模特"的选拔和训练，同学们的综合素质和文化气质得以进一步提升。"书香模特"表演作为校园文化的重要组成部分，对于活跃校园文化、培养大学生的阅读理念和审美意识及创新精神都有很大的促进作用。

三、独特的文化传播优势

书模表演这种集视听文化于一体的传播媒介，有其自身独特的传播优势。它不仅把握住了时代发展的脉搏，更重要的是倡导了快乐的读书方式，以寓教于乐的方式传播阅读理念，以多元化的形式展现阅读魅力，让阅读走出单一的白纸黑字，以更为时尚、活泼的方式走进读者生活，让阅读成为读者文化休闲生活的重要方式之一，以愉悦的形式带动更多的读者加入到"全民阅读"的队伍中来，起到事半功倍的效果，具有超越传统的阅读推介力量。这是新形势下

图书馆以新兴服务平台为延伸，探索新型阅读活动形式的有益探索和实践。

第五节 活动启示

一、敢于创新

李克强总理在十二届全国人大三次会议期间指出，"全民阅读"会增加创新力量和道德力量，并希望"全民阅读"能够形成一种氛围，无处不在。

高校图书馆要借着这个大好时机，随时把握当代大学生的阅读特点和趋势变化，创新思路，丰富活动内容，建立更加广阔的阅读推广平台，打造立体化的阅读推广模式。在美国图书馆界有一种说法，即在图书馆服务所发挥的作用中，图书馆建筑物占5%，信息资料占20%，而图书馆员占75%——所以，图书馆馆员在工作中必须改变"要我服务"为"我要服务"的意识，在工作中勇于创新、敢于创先，而高校图书馆也应该把培养和支持创新型人才作为图书馆可持续发展的战略任务。

二、精于策划

（一）定位策划

对于读书活动的策划和实施，要找准自己的定位，争取做到"三个结合"：即广泛性与针对性相结合，创新性与实效性相结合，轰动性与持续性相结合。要做到面向大众，凸显广泛性；面向个体，凸显针对性；立足形式，凸显创新性；立足内涵，凸显实效性；着眼现实，凸显轰动性；放眼未来，凸显持续性。

（二）精确策划

要使读书活动建立长久、良好的机制，必须立足于本馆的优势、特点，了解读者的阅读需求和特点，深入调研、精心策划、周密部署。要加强与主管领导和有关部门的沟通，争取支持和经费资助，统筹规划好读书活动的整体方案。活动策划包括：确定活动主题、确定推广对象、确定活动形式、确定活动名称、安排活动时间及地点、设计活动内容、准备器材及资料、进行活动宣传、进行经费概算、绩效评估等。

（三）联合策划

要想把图书馆阅读推广活动搞大、搞强，靠图书馆单打独斗是不行的，必须联合一些社会力量，共同努力。我们在这方面总结出以下几点实践经验。

第一，点点结合，绿茵读书会主动联系其他学生社团共同开展阅读推广活动。通过这种合作方式，吸引更多的学生参与到读书活动中来，使读书活动"遍地开花"。这样不但扩大了绿茵读书会的辐射面，而且通过与其他社团的联谊，也拓宽了同学们的交友面，提高了同学们的社交能力和组织能力。

第二，点线结合，把图书馆读书活动与学校的其他文化活动密切结合起来。近年来，我校图书馆积极承办学校举办的"文化广场"活动，使读书活动寓教于乐，有力地扩大了读书活动的宣传面和普及面。

第三，点面结合，把校园读书活动和社会文化活动结合起来。近年来，为不断扩大全民阅读活动的范围和影响，我们以书模表演为载体，积极与新华书店联办新书展，举办南阳作家群签名售书等活动，通过"请进来、走出去"，使读书活动不仅遍及校园，而且走向社会，给大学生提供了更广阔的社会舞台，开阔了大学生的视野，进一步提高了大学生的社会实践能力和综合能力，极大地推动了地区"全民阅读"社会的建设。

第四，以点带面，以绿茵读书会为主的"书香模特队"定期举办经典诵读《绿茵文苑》宣传活动、"书香文化广场"活动等，以丰富的读书活动吸引和带动更多的学生参与，使绿茵读书会真正成为校园阅读的领军社团，成为校园阅读文化的一面旗帜。

三、勤于发展

图书馆在创新读书活动、推广"全民阅读"的过程中：必须克服随大流、一阵风的做法，力求读书活动常规化、系列化；必须克服浅尝辄止、蜻蜓点水的做法，力求体系化、品牌化；必须防止形式主义的倾向，力求个性化、实效性，努力形成独具特色的读者活动项目体系，倾力打造、培育出一批活动品牌和精品项目，用实际行动推动"全民阅读"持续性发展。

思考题

1. 试结合你馆的实际情况，设计能够与书模表演相结合的阅读推广活动，并写出一个策划书。
2. 你怎样理解时尚阅读？你认为时尚阅读在全民阅读活动中起到了什么作用？
3. 怎样确保阅读推广活动的持久性？你在实际工作中做了哪些方面的努力和创新？
4. 你了解哪些具有创新意义的阅读推广案例？试举两例并说明它们的创新点在哪里。

延伸阅读书目

[1] 查宇. 上海地区高校图书馆阅读推广活动探讨 [J]. 图书馆论坛，2014（2）：41-50.

[2] 杨敏文. 我国省级以上公共图书馆阅读推广活动调查与分析 [J]. 图书馆工作与研究，2014（5）：87-90.

[3] 游祎. 美国高校阅读推广活动发展情况探析 [J]. 图书馆理论与实践，2014（9）：89-92.

[4] 赵俊玲，郭腊梅，杨绍志. 阅读推广：理念·方法·案例 [M]. 北京：国家图书馆出版社，2013.

[5] 徐雁. 全民阅读推广手册 [M]. 深圳：海天出版社，2011.

[6]《图书情报工作》杂志社. 国民阅读推广与图书馆 [M]. 北京：海洋出版社，2011.

第十一讲

以书为媒，读去心病
——泰山医学院的阅读疗法实践与进展

宫梅玲　高倩云　冀宝苹*

【导读语】

　　大学生正处于青春后期，面临着求学、求职、求偶三大人生课题。自我的认同、学业的成绩、职业生涯的规划、社会交往的拓展、与异性的关系等，都会带来压力，使大学生产生心理上的困扰。面对这些成长的障碍，大学生会采用什么方法去解决？

　　我们在对泰山医学院343名医学本科生的一项调查中发现，72%的大学生曾通过读书来解决心理困扰。其中，因恋爱烦恼求助图书的人占48.1%，因就业压力求助图书的占51.1%，因交际困难求助图书的占61.8%，因性的困扰求助图书的占89.2%。这些数字一方面表明大学生确实需要心理帮助，另外一方面也说明，"阅读疗法"深受大学生的欢迎。阅读疗法以其费用低、副作用小、疗效显著等优点，成为大学生解决心理问题的首选。

第一节　阅读疗法概述

　　"阅读疗法"（Bibliotherapy）一词是由美国的塞缪尔·麦克乔德·克罗色尔斯在1916年首创的，该词于1961年收入《韦氏新国际英语词典》第三版，其

---

* 宫梅玲，泰山医学院图书馆研究馆员。

183

含义有两层：（1）用有选择的读物辅助医学和精神病学的治疗；（2）通过有指导的阅读，帮助解决个人问题。对于阅读疗法疗效机制的解说，较有影响的是弗洛伊德学派，该学派的理论可归纳为认同、净化和领悟：认同，就是有意识或无意识地将他人的特征归因于自己，从而获得感情上的支持；净化，即读者在作者设定的情景中体验恐惧和紧张时，内心的焦虑就被导向外部，并通过把悲剧主人公当作自己而使情感得到"净化"；领悟，是经历过认同和净化两个过程后，作品的内容使人的内心冲突外向化，而人的心理活动又使作品的内容内向化，从而最终达到阅读治疗的效果。

美国在阅读疗法理论与实践研究方面遥遥领先于其他国家，主要表现为阅读疗法专业组织遍布全国，研究队伍庞大和大量阅读疗法著作问世。什么书能治病是其研究的重点。经过多年的实践研究，大卫·伯恩斯的《伯恩斯新情绪疗法》一书成为精神科医师给抑郁症患者常开的"药方"。意大利阅读疗法实务已发展到成熟阶段，出现大量公司化、法人化的"诗药有限公司"，专门研究以诗治病。他们的"诗药"放在书店或药店里出售，上面也表明"主治""禁忌""日服量"等项目，模样与普通药盒别无二致。俄罗斯、英国、日本、法国、芬兰、荷兰、澳大利亚、埃及等国的阅读疗法研究也相当繁荣，此处不再一一列出。

20世纪90年代，阅读疗法最先由南京大学沈固朝教授引介到国内，他的代表作是《图书也能治病》《西方对图书治疗的作用及其机制的探讨》《图书治疗——拓展我国图书馆服务和图书馆研究新领域》等。北京大学王波教授受沈固朝教授的启发，开始了本土化的阅读疗法理论研究，经过十多年的知识借鉴和学识孕育，出版了具有中国文化特质的基础理论著作《阅读疗法》，填补了我国阅读疗法的理论空白。泰山医学院宫梅玲教授率先把阅读疗法引进校园，为学子排忧解难，并选定"大学生心理问题阅读疗法实证研究"为科研方向，进行了10余年的阅读疗法实践探索，其发表的30余篇阅读疗法专题论文已成为我国阅读疗法实证研究的指导性文献。台湾大学图书资讯学系陈书梅副教授以"儿童情绪疗愈"为切入点，编著了《儿童情绪疗愈绘本解题书目》，从儿童认知层面分析了各绘本对情绪疗愈的效用。台南师范学院王万清教授出版了《读书治疗》一书，论证阅读治疗在儿童心理问题的解决和正确思维的建立过程中有不可低估的作用。

第二节 泰山医学院阅读疗法实证研究进展

泰山医学院图书馆开展阅读疗法实证研究已有十余年的历史了。在这一过程中，从最初开设的阅览室保健书刊一角到现在的由阅读疗法研究室、书聊吧、舞乐厅、多媒体影视厅、精神快餐部、书药库等设施组成的阅读疗法研究基地，我们的实证研究步步推进，得到社会的广泛认可。2011年我馆被中国图书馆学会、阅读推广委员会、阅读与心理健康委员会指定为挂靠单位。多年来，我们持之以恒宣传推广阅读疗法，持之以恒进行针对性的阅读指导，持之以恒调动学生参与实践的积极性，并实施了立体化的阅读疗法服务模式；在"书方"的研制过程中，我们遵循从学生中来到学生中去、反复检验的原则，已为大学生研制出了常见心理问题的对症"书方"。下面将我们的实践进展情况加以分述。

一、实践情况

1998年，《医学生心理困扰求助方式的调查》显示，72%的学生喜爱阅读疗法。

2001年，我馆设立阅读治疗阅览室，同时成立了阅读治疗研究小组，开始了大学生心理问题阅读疗法实证研究。

2002年，"大学生心理问题阅读疗法研究"课题获山东省教育厅立项。2003年该课题研究成果获省级奖励。

2003年9月，宫梅玲应邀参加在杭州举行的中国心理卫生协会第四届年会，做"大学生心理问题阅读疗法研究"报告，介绍我馆阅读疗法的实践经验。清华大学博士生导师、心理咨询与心理健康教育中心主任樊富珉在会上号召与会的全国高校心理医生推广普及泰山医学院的做法，用阅读疗法为学生排忧解难，并指出"泰山医学院的'大学生心理问题阅读疗法研究'不仅拓展了图书馆服务和图书馆学研究的新领域，更是填补了我国阅读疗法实证研究的空白"。

2006年3月，我馆设立阅读治疗研究室。同年10月，开办"书疗小屋"博客，设置多个栏目，发布阅读疗法"书方"、阅读疗法成功案例、阅读疗法自解心结等方面文章，使全国几十万大学生受益。

2007年12月，成立"大学生阅读疗法研究协会"，指导大学生实践和推广阅读疗法，推荐和检验阅读治疗"书方"。

2008年3月，针对大学生上网成瘾日益严重的状况，宫梅玲指导大学生阅读疗法协会骨干成员，编写了《网瘾猛于毒》《读去心病——大学生阅读疗法书方》《读去心病——大学生阅读疗法心得》《读去心病——大学生网络心理咨询解答》等宣传资料，为学校预防大学生上网成瘾做出了重要贡献。

2008年12月，创建阅读疗法研究基地，申报的"阅读疗法研究基地的创建和运作模式的探究"课题获山东省教育厅立项，2012年结题并获奖。

2010年4月，中国图书馆学会阅读推广委员会确定泰山医学院图书馆为"阅读与心理健康专业委员会"的挂靠单位。同年5月，宫梅玲被评为全国大学生心理健康教育工作先进个人。随后，博客"书疗小屋——大学生健心房"被评为山东省高校十佳心理健康教育博客。

2011年9月，阅读疗法作为泰山医学院大学生心理健康教育必修课被带进了课堂。

2013年，我馆的"大学生抑郁症阅读疗法中医学配伍书方研究"课题获国家社科基金立项。

图11-1 泰山医学院的阅读疗法教研室

第十一讲
以书为媒，读去心病——泰山医学院的阅读疗法实践与进展

  2014年4月，北京尚善基金会"关爱精神健康，公益书架校园行"的活动，在我校阅读疗法研究基地举行。

图 11-2、图 11-3 "阅读疗法"宣传栏

图 11-4、图 11-5 学生和老师在阅读治疗阅览室交流

图 11-6 北京尚善基金会"关爱精神健康，公益书架校园行"

图 11-7 泰山医学院大学生心理健康教育必修课课堂

图 11-8 宫梅玲在交流阅读疗法的经验

二、社会影响：普及推广阅读疗法

泰山医学院阅读疗法研究在社会上引起了广泛关注。《中国青年报》、《中国教育报》、《大众日报》、泰安电视台、上海电视台先后进行过报道。自 2010 年至今，先后接待了前来考察、学习的三十多所高校同人。宫梅玲教授也应邀至郑州大学、河北联合大学、中原理工学院、中国石油大学、山东工商职业学院等高校做阅读疗法报告，推广普及阅读疗法。

2011年11月，全国阅读疗法经验交流会在泰山医学院隆重召开，来自全国30余所高校的专家参加了会议。2012年7月，泰山医学院图书馆获全民阅读先进单位荣誉。

第三节 以《生命的重建》为例展示如何研制对症"书方"

泰山医学院的阅读疗法团队涉足于大学生抑郁症阅读疗法实证研究多年，已经研制出了20多个抗抑郁的有效"单方"；其中，露易丝·海的《生命的重建》疗效极为显著，很有代表性。为了促成我国阅读疗法"书方"研制的科学化、规范化，现将《生命的重建》书方的研制过程、使用说明书、"药性"分析和作用机制呈现给大家，供借鉴参考。

图 11-9 露易丝·海

图 11-10 《生命的重建》

一、《生命的重建》单方的研制过程

2006年，宫梅玲在新浪网"抑郁联盟博客圈"中推广普及阅读疗法，得到博友们的积极响应和实践。据盟友反馈，《生命的重建》一书能有效治疗抑

郁症。为验证此书的疗效，宫梅玲在前来求助的大学生抑郁症患者中进行阅读检验。几年来，阅读治疗室陆续接诊了22名有抑郁障碍的大学生。阅读治疗师在详细询问了他们的病因、症状、病程、就医史、个人成长史后发现，其抑郁成因多种多样：有的是因童年遭受过心理创伤，有的是因失恋或同性恋，有的是因交际障碍，有的是因就业压力大、评优落选、考试不及格等。其病程迁延，少则两个月，多则七年。而大部分患者曾有过心理咨询史和药物治疗史，但并未从根本上解决情绪低落、自我评价低，觉得生命无价值、无意义及有自杀念头等问题。于是，他们抱着试试看的态度接受阅读治疗。为了使阅读治疗符合科学化和规范化的原则，多年来，阅读治疗师一直坚持如下程序：首先在实施阅读治疗前，对每一个求助者进行抑郁自评量表（SDS）的测评，建立阅读治疗咨询档案；其次，将治疗时间按国际惯例确定为三个月；第三，治疗结束后，进行抑郁自评量表（SDS）的测试，其分值与阅疗前进行对比分析，再结合求助者精神面貌的改善，以及其生活、学习、人际交往等社会功能的恢复情况进行综合评价，以确定治疗效果。这22名抑郁患者，阅读治疗前抑郁自评量表（SDS）的测评的标准分在63~72分之间，属于中度抑郁。在推荐"书方"中，《生命的重建》属首选。

实施阅读治疗初期，反馈信息显示：有12名患者对该书无阅读兴趣，改读其他书籍；其余10名则对该书有相见恨晚之感，阅读起来如饥似渴，并能按要求反复诵读，认真做练习，写读书笔记，及时向治疗师反馈学习体会。三个月后，再使用抑郁自评量表（SDS）测试，这10名患者的标准分均小于53分，已显示无抑郁症状。患者个人自述：自信恢复，睡眠改善，心情愉悦，自杀念头消失。老师、同学反映：他们情绪稳定，学习生活正常，与同学关系融洽，社会功能完全恢复，阅读治疗效果显著。通过对这10名已走出抑郁阴影的学生进一步分析发现，他们抑郁的原因有一个共同特点——童年时均遭受过不同的心理创伤；有的是儿时父母离异因此缺乏关爱；有的是父母教育方法粗暴，经常受到责骂与贬低；有的是小时候经常遭父亲暴打；有的是小学期间遭受过老师的讽刺挖苦或体罚；有的是儿时经常遭同学欺辱；还有的是童年曾遭受过性侵。而他们阅读《生命的重建》的感悟也极其相似：都被作者的故事所感动，感同身受，产生共鸣，并激发了阅读兴趣，认同露易丝·海的人生观点，领悟到只有启动心的力量、发挥自己的潜能，才能从根本上解除抑郁痛苦。

《生命的重建》对治疗因童年心理创伤而引发的抑郁，有如此显著的疗效，大大激发了研究者深入研究该书"药用价值"的兴趣。经反复研读该书每一个章节，再综合分析10名痊愈者的抑郁成因及阅读本书的感悟，研究者终于明白了这本看似平淡的书对童年遭受心理创伤的抑郁患者有奇效的原因。为此，研究者在学习清代学者张潮的《书本草》"处方"的基础上，借鉴当今药品说明书模式，对《生命的重建》进行"药性"分析，创建抑郁症阅读疗法的"单方"体例，以期经过阅读治疗师、心理咨询师及抑郁症患者的实践检验，丰富发展利用该书进行阅读治疗的手段。

二、《生命的重建》使用说明书

【适应症】

本书适用于以下原因引发的抑郁障碍：

①童年遭受过父母、亲人的伤害。如父母的责骂与贬低、亲人的漠视、家庭暴力、父母离异等。

②童年遭受师长、邻里、同学的伤害。如师长的当众羞辱与体罚；邻里的贬低与歧视、同学的欺辱与孤立。

③童年遭受过性侵。

④因重大疾病而焦虑、恐惧。如艾滋病、癌症、慢性疾病等。

【成分】

①"与露易丝一起探讨"是驱邪扶正的"君药"。

②"让积极的思想开始运转"是巩固疗效的"臣药"。

③"身体"与"问题列表"是辅助治疗的"佐药"。

④"我的故事"是引导患者战胜抑郁的"使药"。

【作用】

①帮助抑郁患者找到产生抑郁症的根源——儿时受到某种严重的心理伤害。

②获得医治抑郁症的正确方法——启动心的力量，抛弃"我不够好，我生命无价值、无意义"的消极的思维模式，建立起"爱自己，接纳自己，我的生命有价值"的积极思维模式。

③克服自卑，建立自信，释放痛苦，化解怨恨，学会宽容。

④纾解郁结，改善睡眠，增进食欲。

【用法用量】

建议按以下方法阅读本书：

①先阅读本书最后一章——我的故事。若发生强烈共鸣，治疗效果更佳。

②通读一遍本书，初步领会本书的主要思想。

③精读本书，两三天阅读一章，每一章开头的论点要多读多写；每一章的结尾都有积极的宣言，能帮助读者建立积极的观念，每天要反复朗读。如果能和家人或有抑郁倾向的朋友一起阅读讨论，效果更好。

④认真做每个练习。一般30天一个疗程，3个疗程有显著效果。

【注意事项】

"身体"与"问题列表"两章所讲的心理调节法对身体疾病的康复作用，只是露易丝个人的直觉和体验，并非医学建议。研究者提示：读者只可作为心理保健参考信息，切勿盲目照搬去处理医学问题或作为身体治疗的手段，更不可因此而讳疾忌医。

第四节 由"单方"向系列"书方"延伸

在阅读疗法实践过程中，我们以《生命的重建》"单方"初探为例，不断积累经验，总结出科学的对症"书方"研制方法；并将这种方法应用于其他"书方"的研制，逐渐发掘出适合于各种心理问题的"书方"。在这之后，我们对大学生发病率高的心理问题，如恋爱苦恼、交际困难、就业压力大、焦虑、忧郁悲伤等进行归类，整理出系列书方及电影，按类别列出：

一、营养心灵的"书方"

1.《遇见未知的自己》

2.《愿你与这世界温暖相拥》

3.《心灵鸡汤》

4.《每天进步一点点》

5.《幸福的方法》

二、解决大学生活不适应和指导职业规划的"书方"

1.《谁动了我的奶酪》

2.《读大学究竟读什么》

3.《做最好的自己》

三、大学生恋爱指导"书方"与电影

书：

1.《爱的艺术》

2.《戒律》

3.《恋爱宝典》

电影：

1. 《茜茜公主》：纯真与童话

2. 《罗马假日》：时尚与永恒

3. 《简·爱》：尊严与平等

4. 《人鬼情未了》：执着与永恒

5. 《乱世佳人》：乐观与自强

6. 《钢琴课》：觉醒与勇气

7. 《卡萨布兰卡》：奉献与放弃

8. 《怪兽婆婆》：亲情与爱情

9. 《廊桥遗梦》：理智与责任

10. 《金色池塘》：人生与幸福

四、疗愈大学生恋爱创伤的"书方"

1. 《失恋33天》

2. 《一个陌生女人的来信》

3. 《爱上双人舞》

4. 《像邦妮一样爱你》

五、克服交际困难的"书方"

1. 《弟子规》

2. 《人性的弱点》

3. 《方与圆》

六、缓解就业压力、树立创业信心的电影

1.《阿甘正传》

2.《当幸福来敲门》

3.《律政俏佳人》

4.《穿普拉达的女王》

5.《喜剧之王》

6.《毕业生》

7.《百万美元宝贝》

8.《奔腾年代》

9.《美丽心灵》

10.《心灵捕手》

七、克服自卑的励志"书方"

1. 郑丰喜《汪洋中的一条船》：激励残障同学

2. 朱彦夫《极限人生》：激励残障同学

3. 史铁生《我与地坛》：激励残障同学

4. 〔苏〕奥斯特洛夫斯基《钢铁是怎样炼成的》：激励残障同学

5. 〔美〕海伦·凯勒《假如给我三天光明》：激励残障同学

6. 〔法〕罗曼·罗兰《约翰·克里斯多夫》：激励残障同学

7. 〔澳大利亚〕力克·胡哲《人生不设限》：激励残障同学

8. 兰晓龙《士兵突击》：激励资质一般的同学

9. 〔美〕温斯顿·葛鲁姆《阿甘正传》：激励资质一般的同学

10. 〔美〕欧内斯特·海明威《老人与海》：激励身处逆境的同学

11.〔英〕丹尼尔·笛福《鲁滨孙漂流记》：激励身处逆境的同学

12.〔日〕渡边淳一《花逝》：激励女同学

八、学会享受寂寞的"书方"

1. 吴九箴《让寂寞来，让寂寞走》《自在的幸福》：认识寂寞

2. 张艾君《孤独者的心灵漫步》：摆脱孤独

3. 于海英《善待失意 活出诗意》：走出失意

4.〔美〕梭罗《瓦尔登湖》：享受寂寞

5. 几米《星空》《又寂寞又美好》：在寂寞中认识自我

阅读疗法系列"书方"帮助了上千名有心理问题的学生。通过十余年的"书方"研制经验，我们发现，给患者推荐"书方"是有规律可循的。第一，要考虑患者的阅读爱好。第二，要考虑患者的发病原因。第三，要考虑"书方"所选书的作者的经历。例如，《失恋33天》一书，作者鲍鲸鲸本人就经历了失恋的痛苦，她通过写了33天的日记从失恋痛苦中走了出来，因此该书对有失恋创伤的学生有疗愈作用。第四，要考虑到作品所要表达的主题，例如卡耐基《人性的弱点》一书，作者主要教给人们交往的方式方法，因此该书对有交际障碍的学生帮助较大。研制"书方"和研制药品一样，要遵循从患者中来到患者中去，反复进行检验。对大多数学生反映效果显著的验方，要像分析《生命的重建》一样，进行书的阅读疗法作用及疗效机制分析，并总结出书的使用说明书。

思考题

1.某同学在学校没有一个朋友，不知如何与舍友相处，为此非常苦恼。请你为他推荐一本书，帮助他学习人际交往的方法，提高交际能力。

2.阅读《生命的重建》，写1000字左右的读后感。

延伸阅读书目

[1] 王波. 阅读疗法 [M]. 北京：海洋出版社，2007.

[2] 沈固朝. 图书治疗：拓展我国图书馆服务和图书馆学研究新领域 [J]. 图书情报工作，1998（4）：12-15，54.

[3] 宫梅玲，丛中，王日江，等. 医学生心理困扰解决方式的调查 [J]. 湖南医科大学学报，1999（3）：53-55.

[4] 宫梅玲，楚存坤，张洪涛，等. 阅读疗法立体化运作模式探究 [J]. 大学图书馆学报，2011（5）：84-88.

第十二讲

让身心灵书籍做你的保健医生

段 梅[*]

【导读语】

身心灵的健全与和谐是幸福生活的保障。当遭遇困境，如何重建自己对生命的信任？在拥挤而嘈杂的社会里，人们面临着前所未有的挑战。我们可以阅读身心灵类书籍，让它们做家庭的保健医生，从中汲取力量和信心，通过阅读拥有自我疗愈的力量。

第一节 综述

世界卫生组织1989年提出了"健康"的完整概念，即：躯体健康、心理健康、社会适应良好以及道德健康。[①] 而我们今天所提到的"身心灵"，强调的正是身体、心理和灵性的合一。"身心灵"作为一个整体，具有两层含义，一方面指以身、心、灵三个层面介入，另一方面指三者之间有着互倚的关系，通过促进三者的良性发展可以实现健康的目标。"身心灵"与"保健医生"，可以简单地理解为"身心灵治疗"。而"书籍"和"保健医生"，亦可以简单地理解为"阅读疗法"。显而易见，身心灵治疗不仅仅局限于阅读身心灵书籍，还可通过参加

---

[*] 段梅，南京理工大学图书馆副研究馆员，在图书情报核心刊物发表论文数十篇，参与多项科研项目，如国家社科基金《基于读者需求的图书馆阅读推广活动与服务创新研究》等。
[①] 吴应华."阅读疗法"：大学生心理健康教育的良方[J]. 高校图书馆工作，2003（4）：71-72，84.

一些疗愈活动如灵修班、静坐班和瑜伽班等来实现[①]，因此本文提到的身心灵书籍治疗只是狭隘意义上的身心灵治疗，同时也是狭隘意义上的阅读疗法，它实际上是"身心灵治疗"和"阅读疗法"的交集。

一、身心灵类书籍的分类

在西方，自中世纪起，《圣经》就作为早期的身心灵类书籍，用以辅助解决人内心的困惑。在古埃及，寺院图书馆成为当时的治疗中心，甚至掌管文献的馆员被称为"生命之宫的文臣"[②]。中国古代的文人也完成了许多劝诫类的身心灵书籍，例如《菜根谭》《围炉夜话》。世界各国的身心灵书籍层出不穷，蓬勃发展。身心灵书籍种类繁多，内容各不相同，总体来说可做以下分类。

从成书的时间上，可分为古典身心灵类书籍、现代身心灵类书籍。前者一般包罗万象，多为劝诫世人提升自我修养的内容，例如《圣经》《小窗幽记》《沉思录》等；现代的身心灵类书籍则选择从一个特定角度来阐述身心灵疗愈的方法。

从关注的对象看，可分为成人类、少儿类，也有更细致的根据受众的职业、身份进行分类的。例如风靡全球的《心灵鸡汤》是由一系列书籍组成的一个书籍组，通常由具有激发灵感和励志性的短篇故事和散文组成。《心灵鸡汤》超过200种类别，许多书籍是针对特定的人群的，如：母亲"鸡汤"、祖父"鸡汤"、孩子"鸡汤"、囚犯"鸡汤"、朋友"鸡汤"、残疾人"鸡汤"。

从内容上，可分为关注人本身、关注人与人、关注人与自然及社会等种类。关注人本身的书籍，侧重点在于读者通过自省以达到内心的平静，把眼光从外在的世界转向内在世界，从身、心、灵三个方面去探讨如何解脱思想、情绪和身体的桎梏。例如张德芬的《遇见未知的自己》《活出全新的自己》《遇见心想事成的自己》以及《深夜加油站遇见苏格拉底》等。关注人与人的书籍侧重点在于教会人们正确地看待人际关系，用理解、包容与爱来对待父母、子女、朋友。这类书籍例如《爱，因为抓不住》《包容的智慧》《所有的裂痕都能照进阳光：

[①] 聂德民，宋守华. 大学生中流行身心灵书籍的现象分析 [J]. 教育评论，2012（6）：45–47.
[②] 王波. 阅读疗法概念辨析 [J]. 图书情报知识，2005（1）：98–102.

智慧人生的包容活法》《人性的弱点》等。关注人与自然及社会类的书籍，重点探讨人生态度，怎样眼明心亮地看待世界，又怎么看风使帆，航向心中理想的目标，例如《点滴在心的处世艺术》。

从方式上，可分为劝诫类、激励类、对比类。劝诫类书籍往往通过人物故事、自身的经历来阐述人生哲理，例如《孩子你慢慢来》《我的成功可以复制》《少有人走的路》。激励类书籍则通过策略性的鼓励，使读者产生一种内在的动力，朝着目标而努力。例如《做最好的自己》《致加西亚的一封信》。对比类书籍则通过一些人物的生活经历来对比、衬托，告诫人们应珍惜生命，珍惜造物主赐予的一切，例如《生命从明天开始》《假如给我三天光明》。

二、"身心灵书籍"的作用机理

我们知道，读书之所以能产生治疗作用，主要有心理和生理两方面的原因。从心理方面讲，阅读是一种将心比心的体验过程，能够使人在情感上产生共鸣和领悟，在行为上获得净化和认同。通过阅读，人们可以在享受中恢复自信，在启迪中端正态度，从而达到调节自我心理、改变行为方式的功能。从生理方面讲，由阅读激发的思考和想象能调节人的交感神经系统，分泌一些有益于健康的激素、酶和神经递质，调节血液流量，从而增强免疫功能，促进身心健康[1]。毋庸置疑，身心灵书籍疗法强调的就是这样一种在有形的阅读中达到无形交心的效果。

阅读身心灵书籍关键在于自我的调节，首先应该以梳理和释放的方式取代对抗，再辅以积极正面的信念。在阅读的过程中，必须尊重与倾听身体、心灵的"声音"，学会觉察自己的起心动念，留意身体反应所透露的信息，从而保持身心灵平衡与整体健康。

三、阅读身心灵书籍的必要性和重要性

在这个竞争激烈的社会，人人都活在或大或小的压力里，这样的压力来源

---

[1] 张梦桃. 大学生心理健康与阅读疗法 [J]. 兰台世界，2006（18）：61–62.

于学习、交际、经济、情感、就业等方面。

当人们因学习压力过大而产生精神紧张、焦虑等心理问题时，借鉴别人和正视自我，是平衡身心的两大重心。这时候，包含各种学习方法、人生哲学及名人传记类的书目，是追求身心灵和谐的人们的首要选择。通过阅读这类书籍，人们渐渐懂得学习的能动性、定位的相对性，从而使不安的心情得以舒缓。当人们出现因交际困难而导致的抑郁、孤独、偏执等心理问题时，走出小我、开放大我是解决问题的关键。通过阅读心理类书籍和社交类书籍，人们可以很快掌握做一个主动的说话者以及做一个称职的聆听者的技巧，从而在学习沟通的过程中重拾自信，达到自我暗示的良好效果。当人们出现因经济困难而导致的自卑、自闭等心理问题时，励志故事、成人纪实类书籍是通往身心灵的桥梁。这类书籍一方面赋予落魄的人以生活还在继续的激情以及奋战到底的勇气，另一方面鼓励身处困窘的人学会走出逆境，立志成才。当人们遭遇情感问题而产生消沉、嫉妒、厌世、报复等心理时，阅读一方面能转移视线，另一方面可使人学会理智地处理感性问题。当人们遭遇因就业问题而导致的迷惘无助，甚至惶恐不安的心理问题时，平常心和自信心"二心"的把持能够很好地帮助人们脱离困境。平常心会告诫人们：在择业道路上需要脚踏实地，自信心则暗示人们：在就业道路上亦要仰望星空。于是择业指南、名人创业故事等书籍就充分发挥了它们的保健作用，让人们在充满未知的道路上有所准备，又有所向往，而不至于平日里浑浑噩噩、糊里糊涂，而在往后的日子里后悔莫及。

阅读身心灵类书籍确实是一种适合绝大多数人的身心治疗形式。面对全社会的身心病患者，经过选择的书籍、带有指导性的阅读更能发挥止怒泄愤、解除困惑、调整观念、健全人格的作用，引导亚健康人群恢复健康。这也是身心灵书籍阅读疗法的魅力所在。

第二节　阅读身心灵类书籍

　　大学时代是人生最活跃的时期，也是心理变化最激烈的阶段。处在转型期的大学生，面对新旧价值观念的交缠、中西方文化思潮的撞击、社会竞争意识的加剧以及择业求职形势的严峻，容易产生不同程度的心理困惑和矛盾。高校图书馆作为校园文化信息中心，可以通过丰富的馆藏资源优势，从大学生心理学的角度出发，帮助大学生进行心理疏导，完善其人格，以弥补高校心理健康教育机构力量的不足。下面以南京理工大学图书馆近些年来的工作为例，展开说明。

　　南京理工大学图书馆的实践活动包含三个：读书沙龙、读书会及主题阅读。这三个活动均围绕身心灵书籍的阅读推广展开：读书沙龙利用多媒体平台全方位讲解身心灵书籍，并联合心理健康教育中心的老师，为参与活动的人提供更加专业的阅读引导；读书会则注重大学生之间的讨论与互助，在阅读身心灵书籍的基础上，通过对等的交流、督促和帮助，使得身心灵书籍有效地发挥作用；主题阅读重点在于书籍信息的推广，利用图书馆实体空间与新媒体平台，将身心灵书籍的基本信息及电子版推送到大学生读者的多媒体设备中。

一、"心灵氧吧"读书沙龙实践

（一）概况

　　南京理工大学图书馆针对"大学生存在的主要心理困惑及纾解方法"开展了读者调查。调查结果表明，大学生的心理问题主要存在于四个方面。一是学业困扰问题，有60.63%的大学生存在这类问题；主要包括如何处理好学习和社团工作的关系，以及如何缓解学习压力。二是人际交往问题，有50.79%的大学生存在这类问题[1]；进入大学，人际交往面拓宽了，复杂的人际关系往往使学生不知所措。三是情感问题，有42.91%的大学生存在这类问题；爱情、婚嫁中的挫折也经常会让大学生觉得困惑和迷茫。四是经济问题，有47.24%的大学生存

---

[1] 段梅，欧阳志．基于"阅读疗法"的多媒体立体导读工作探索与实践：以南京理工大学图书馆为例 [J]．大学图书馆学报，2013（2）．

在这类问题；大学生独自在外求学，开始独自理财，如何树立正确的消费观也常让他们头痛不已。

据我们所知，同学们舒缓心理压力的主要方式是听音乐和与朋辈之间的咨询交流，选择这两种方式的人各有62.2%和55.12%。"心灵氧吧"读书沙龙很好地应用了这两种方式，应用音乐和影像等多媒体形式开展导读，再由心理咨询专业老师针对大学生的心理困惑开展专题讨论。

"心灵氧吧"读书沙龙具体内容为：图书馆选择一个特定的主题进行图书推荐和导读，比如大学生的情感困惑、就业方面的困惑等，所采取的方式是和学校的心理健康机构联合，图书馆推荐书目，学生配合多媒体设备进行全方位、立体化的讲解，大学生心理健康教育服务中心老师负责答疑解惑。

"心灵氧吧"读书沙龙活动以一种新的导读方式出现在校园中后，受到了广大学生的热烈欢迎。"阅读疗法"实体空间作为图书馆的一个特色角落，承担着为大学生排解内心烦忧的任务，同学们在此还能读到经典著作。目前这种实践工作已经在南京理工大学开展了多次，均取得了良好的效果。但是这些阅读疗法活动还需在实践中不断地完善，并进一步地深入和推广。

（二）形式和方法

读书沙龙的团队包括图书馆指导老师、学生社团成员以及心理机构咨询老师。具体分工如下：图书馆指定读者服务部主任兼任大学生读者协会的指导老师，具体负责每次沙龙主题的确定以及导读书目的审核；大学生读者协会书友部骨干成员负责导读书目相关资料的收集和多媒体文档的制作；现场嘉宾（通常由学校心理健康机构的咨询老师或者学校的知名学者担任）负责回答读书沙龙现场观众的提问。这些团体和组织各有其资源与优势。将这三者结合起来，才能为"阅读疗法"导读工作提供各方面的保障。

图书馆是导读工作的主体实施单位，图书馆的老师具备一定的专业素质，了解心理咨询领域的专业知识，并且及时开展读者调查，了解大学生存在的主要心理问题，能够针对不同情况准确地荐书。学生社团由在校大学生组建而成，对学生的需求和偏好有着最直接的了解，便于在学生群体中开展调研工作，而且在导读中更具亲和力和说服性。心理健康机构的答疑解惑是身心灵书籍阅读推广工作中必不可少的环节。进行身心灵阅读疗法就是要针对每个人不同程度的心理困惑有一个"度"的把握，并且切实了解阅读的实施效果。这些前期的探索和后期的诊断都要依靠心理咨询机构来完成。

读书沙龙实践活动的具体方式如图12-1所示。首先，在活动开始前确定主题，筛选"书方"，将书目对应的信息以电子文件的格式储存在计算机里。例如，将书目信息（包含作者、书目简介等相关信息）做成PPT或者Word文档的形式。为了丰富内容、增加趣味性的需要，还在其中添加一些与之相关的视频、语音文件。运用影像可以使学生通过视觉联想到外部的事物或经验，达到知识性与艺术性的结合。

其次，心理健康机构的导师与学生互动，以增强导读的针对性和实用性，让导读更加形象、活泼，使学生产生身临其境的感觉，产生共鸣，从而达到教育的效果。

最后，在活动结束后，其他延伸的活动使得阅读疗法可以长期、持续地影响人的身心灵。例如，鼓励读者写读后感、为他们播放一些舒缓心情的电影等。此外，伴随着新媒体的发展，将存放身心灵书籍的书架延伸至电子平台。例如在图书馆电子资源库里开辟专门的栏目，存放相关书籍，大学生通过访问网站、扫描二维码等方式，可以阅读、下载有关的书籍。

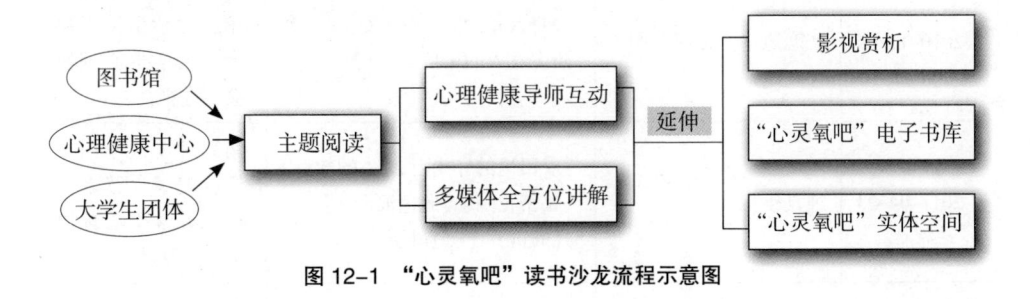

图12-1 "心灵氧吧"读书沙龙流程示意图

(三)具体实例

从 2009 年至 2014 年,"心灵氧吧"读书沙龙活动得到了广大同学的积极参与,目前参与的学生社团已经达到三个:读者协会、心理协会、逸雅社。特邀嘉宾已经达到 25 人次。

表 12-1 是南京理工大学图书馆联合大学生读者协会、大学生心理协会、逸雅社等学生社团,在 2009 年至 2014 年举办的 11 次读书沙龙活动的简单情况。

表 12-1　2009—2014 年举办的 11 次读书沙龙活动

举办时间	主题	导读书目	举办单位
2009-11-28	家、国、天下	《围城》《简·爱》《把信送给加西亚》《千年一叹》《苏菲的世界》《边城》	南京理工大学图书馆、大学生读者协会
2010-04-24	家、国、天下	《我们仨》《玫瑰门》《虾红色情书》《羊皮卷》《生命中不能承受之轻》《美学》	南京理工大学图书馆、大学生读者协会
2010-04-25	阅读丰富人生	《小团圆》《活着》《京华烟云》《百年孤独》《双城记》《货币战争》	南京理工大学图书馆、大学生读者协会
2010-10-29	关注大学生心理健康,推广阅读疗法	《弗洛伊德自传》《弗洛伊德禁地》《达·芬奇的童年经历》	南京理工大学图书馆、大学生读者协会、大学生心理协会、逸雅社
2010-12-04	恋恋风尘,爱在校园	《山楂树之恋》《简·爱》《一个陌生女人的来信》《飘》	南京理工大学图书馆、大学生读者协会、大学生心理协会、逸雅社
2011-04-23	纯真年代	《麦田里的守望者》《爱的教育》《秘密花园》《血色浪漫》《平凡的世界》《追风筝的人》	南京理工大学图书馆、大学生读者协会、大学生心理协会、逸雅社
2011-11-26	三省吾身	《傅雷家书》《做最好的自己》《王小波散文精选》	南京理工大学图书馆、大学生读者协会、大学生心理协会

续表

举办时间	主题	导读书目	举办单位
2012-04-22	生如夏花	《撒哈拉的故事》《万水千山走遍》《雨季不再来》《稻草人手记》《呼兰河传》《倾城之恋》	南京理工大学图书馆、大学生读者协会、大学生心理协会
2013-10-15	解读莫言和他的作品	《生死疲劳》《蛙》《檀香刑》《红高粱家族》《酒国》《透明的红萝卜》	南京理工大学图书馆、大学生读者协会、大学生心理协会
2014-04-11	大学,一场青春的盛宴	《读大学究竟读什么》《做最好的自己》《我为青春狂》《唤起心中的巨人》	南京理工大学图书馆、大学生读者协会、大学生心理协会
2014-05-02	生存与生活的思考	《织梦人》《百年孤独》《社会契约论》《一个人的村庄》《冠军早餐》《寻路中国》《知识分子》	南京理工大学图书馆、大学生读者协会、大学生心理协会

2010年12月4日,南京理工大学图书馆、大学生读者协会联合大学生心理协会在图书馆本部报告厅举办了第五届"心灵氧吧"读书沙龙活动,以"恋恋风尘,爱在校园"为主题。当下在校大学生还未形成成熟的婚恋观,在与异性相处的过程中,容易产生一些困扰或者遭遇挫折,对学习和生活造成负面影响,有的人甚至走向极端,酿成不可挽回的恶果。考虑到以上问题,图书馆特意开展"阅读疗法",以帮助在恋爱中存在困惑的大学生,使他们尽快摆脱负面情绪。活动环节具体如下。

1. 书目导读

所推荐的部分书目如表12-2所示。

表12-2 "恋恋风尘,爱在校园"读书沙龙部分推荐书单

书目	作者	导读理由
《山楂树之恋》	〔英〕艾米	异地恋的忠诚、等待、信任
《简·爱》	〔英〕夏洛蒂·勃朗特	恋爱双方需要平等、独立
《一个陌生女人的来信》	〔奥〕茨威格	爱的深沉与奉献

2. 心理老师答疑解惑

为配合此次的主题,活动邀请了资深心理健康指导老师为现场观众答疑解惑。

现场大学生提出了"如何处理与非男女朋友以外的异性朋友的关系","如何摆脱异性朋友的纠缠",以及"大学恋爱是否要做长久考虑"等多个恋爱中困扰自己的问题,指导老师一一做出了回答。图12-2为活动剪影。

图12-2 活动剪影:老师现场答疑解

3. 后续延伸

导读活动之后,工作人员将详细的过程记录下来(包括"书方"及指导老师的解读),并发布到网络平台上。如此一来,未参与现场导读活动的大学生可自由浏览,结合自身情况进行阅读。

此外,为了配合读书沙龙图书导读工作,以更好地巩固身心灵书籍的阅读效果,图书馆后续又举办了一次电影展播活动,选取并播放了与"情感困惑"有关的经典电影,希望大学生从电影中获得共鸣和启发,以积极向上的心态面对感情中的问题。之后又开展了以"一本好书带来的启迪"为主题的相关征文活动,观察大学生在阅读的过程中是否达到了预期效果。

在一篇征文中,一位大学生写道:"我终于开始面对这样一个问题:我不能全身心地依赖他,无论是物质上还是精神上,这样只会让我失去自我,爱情也会跟着变味。……简·爱是位了不起的女性,她坚强、勇敢、独立,又忠于自己的内心,我但愿自己能和她一样。"

可见，在身心灵书籍的帮助下，这位大学生对于爱情中男女双方的平等与自由有了新的认识，这将帮助她走出困境，寻找幸福。像这样的例子还有很多。

二、青年读书会实践

读书会活动注重每位参与者的参与度，通过阅读过程中反复的分享与讨论来达到较好的阅读效果。读书会的每位参与成员都会参与讨论，通过面对面的交流，一方面将自己内心的困惑与压抑和众人分享，另一方面交流身心灵书籍的阅读感悟。

（一）概况

南京理工大学图书馆开辟了一个"311青年空间"用于读书会的开展。为了更好地促进阅读，空间配备以下设施：书架、书籍、阅览桌、椅子、计算机、多媒体播放设备、留言板、电话、花卉盆景等。阅读空间环境尽量布置得美观、优雅、整洁，目的是让大学生在美的环境中缓解心理压力，激发出浓厚的阅读兴趣。其次，有针对性地集中展示身心灵书籍，播放相关的音频、视频文件。最后，在阅览桌上放置留言板，让大学生留下最想说的话，从而了解大学生的心理动态和思想状况，为下一阶段阅读活动的组织提供信息。

（二）形式和方法

1. 宣传与招募

招募初期可以采用各种途径（网站、短信、海报等），吸引大学生来关注读书小组，招募各年级、各专业学生参与到其中。招募时应注意一对一地邀请人，描绘清楚读书小组的目标。一般来说，每一期的读书会以10~20人为佳。

2. 选好组织者

读书会的形成与稳定发展需要一名组织者的管理与领导。组织者愿意为读书小组的活动预先做一些准备工作，喜欢并鼓励更多人参与，也能在活动进行时避免讨论"失焦"。他能保持小组进展的方向，愿意尽力协调以满足成员的不同兴趣和需要，也能灵活调整阅读的进度和节奏。当然，他一定要喜欢读书，也愿意与人分享书籍带来的益处和欢乐——读书小组的开展需要这样的发起人或带领者作为核心。

3. 设立读书目标

开展读书会活动，选择合适的讨论书籍很重要。不仅要考虑组员的倾向，还要考虑书籍本身的分量（厚薄、难易等），获取书籍是否方便，等等。无论阅读书籍的类型如何，通常从一本经典的身心灵入门书开始是比较好的"预热"。带领者需要对小组初期阅读的几本书做充分的准备和合适的规划。

4. 保证人人参与

带领者的一个重要责任就是让每个人都能参与到读书分享当中，要避免任何人唱独角戏的危险——包括带领者本身。读书小组不是讲座，最有效的形态还是讨论。不管是针对身心灵书籍内容设计的问题，还是对于重点段落的心得体会，需要确保每个人都有机会发言，鼓励大家发表自己的看法和感悟。

（三）具体实例

南京理工大学图书馆联合大学生读者协会，从2014年6月至2014年11月期间，开展了八次阅读活动，阅读主题包括："爱情中的冲动与理智：《恋爱的犀牛》"、"坚强面对人生：《撒哈拉的故事》"、"修身养性：《人间词话》"等。在活动开始前，小组成员应用"焦虑自评量表（SAS）""抑郁自评量表（SDS）"，进行评估。在活动连续进行数月后，再用这两份表格进行测试，

图 12-3　大学生在集体阅读及交流感想

以此来对照验证阅读疗法的有效性，也反过来对小组活动的方式进行指导。图12-3 为读书会开展的剪影。

三、心灵健康主题阅读活动实践

"心灵健康主题阅读"是南京理工大学图书馆的一个重要的阅读推广系列活动。

（一）概况

主题阅读，是围绕同一个主题进行大量的相关书籍阅读，是培养与塑造一种新的阅读习惯，自觉地促使大学生对文本材料进行多角度、多层面的研读、体味和欣赏，使之得到知识的滋养，情操的陶冶。"心灵健康主题阅读活动实践"的目的有以下几个方面：围绕一个或多个主题，引导大学生之间相互交流讨论；提高阅读效率，强化阅读广度与深度；推动全民阅读活动在校园中深入开展，营造阅读氛围，创建"书香校园"。

（二）形式和方法

在活动期间，图书馆定期推出身心灵书籍主题阅读活动，并借助网络平台进行活动介绍、推广和宣传。

为配合身心灵书籍主题阅读活动开展，图书馆采取了一系列措施和方法：

1. 挑选书籍

将阅读活动与新生入学教育、就业教育等主题相结合，结合大学生的特点和需要，每期精心挑选约300种书籍。

2. 宣传与推广

在图书馆大厅及较显眼的场所开辟"主题阅读活动区"，活动区内专设主题阅读书架，准备近千本相关主题的书籍供大学生阅读，如图12-4 所示。

图 12-4　图书馆设立的"主题阅读专区"：书架（左），展板（右）

同时，主题阅读活动进行时，图书馆更注重微信、微博建设，加大网络资源建设，实现与新媒体相适应的身心灵书籍阅读推广模式。这样不仅解决了大学生的一般性问题，提高了参考咨询效率，更促进了图书馆与大学生间的沟通。

3. 建立电子书库

随着电子阅读的普及，大学生也日渐偏向使用手机等多媒体终端设备进行阅读。因此，在主题阅读时期，图书馆采取了以下几点来方便大学生：

首先，开通无线网络系统。图书馆大厅内专门设置了免费无线网络供大学生使用，在大厅打开通信设备无线开关，登录无线网络，即可完成操作。

其次，图书馆本部大厅和位于第四教学楼的分部分别放置了 300 种推荐书籍的二维码，"扫一扫"，即可免费下载身心灵书籍的全文，如图 12-5 所示。

再次，建立"图书馆全民阅读网"。登录图书馆全民阅读网 202.119.83.7：4023，在网站首页可获取 300 种书籍的下载链接。

最后，主题阅读活动与超星移动图书馆合作，打造更高级的平台。借

图 12-5　图书馆设立的"全民阅读网"

助新生入馆教育,为每个同学免费安装超星移动图书馆。

4. 后续延伸

在图书馆大厅内醒目位置放置展板,用于张贴"放飞心情"即时贴,同学们可及时记录下自己的心情或对书籍的感想。同时,为促进主题阅读活动的开展,图书馆会根据每期主题的内容与相关学院联合开展专题报告会;并组织学生开展专题座谈会,听取学生的意见、建议。

(三)具体实例

将每月阅读活动主题与学校的重点工作相结合。至今,图书馆已经举办过多次主题阅读活动,每次主题阅读推荐活动都基于一定的背景。比如"阅读点亮新生"的主题推荐是为了帮助刚入校的新生,而"阅读铭记历史,公祭珍爱和平"的主题推荐则基于南京大屠杀国家首个公祭日。2014年秋季以来的活动具体如表12-3所示。

表12-3 2014年下半年举办的三次主题阅读活动

时间	主题	共推荐书目(册)
10月10日—11月10日	"阅读点亮新生"	382
11月12日—12月12日	"阅读助推就业,资源点亮职场"	310
12月13日—1月13日	"阅读铭记历史,公祭珍爱和平"	345

大学生活的第一学期,对新生而言是一个关键阶段,"阅读点亮新生"的主题恰好与新生教育结合。图书馆精心挑选了300多种内容涉及大学生生涯规划、新生心理调适、沟通与交流技巧以及"邂逅南京"等方面的图书,希望这些书籍能帮助新生认识大学,引导新生做好自我定位、尽快转换角色、明确目标,能够静下心来多读书,并养成良好的阅读习惯。表12-4为本次活动推荐的部分优秀书目。

表 12-4 "阅读点亮新生"推荐书目

索书号	书名	作者	推荐理由
G64/18	《大学何为》	陈平原	本书延续了作者一以贯之的叩问与思考,其"学术思路"在于从历史记忆、文化阐释、精神构建以及社会实践等层面,思考"大学"作为人类社会极为重要的组织形式,是什么、有什么、还能做些什么。
G645.5/13	《大学生活新思维》	翟海燕,任强	这部书稿以一个过来人的经历及多年在高校进行教学管理研究的老师的身份,对今天大学生活的主要方面进行了全方位的哲学思考——作为大学生的优势和缺陷、高校办学的成绩和误区等,试图对迷茫的大学生进行理论和精神上的指引。
G645.5/59	《路过象牙塔——大学是这样念成的》	欣欣,钱英	本书叙述了大学生活和求职经历,内容包括:走进大学、确立目标、认识自我、面临选择、研究生阶段如何学习、求职成功靠什么等。
G645.5/89	《大学,梦想与青春赛跑》	吕振	本书作者将自己大学生活的所观所思记录下来,通过对大学生省身、学识、生活、未来四个方面存在的近 40 个主要问题进行深入探讨,全景式地分析了当代大学生的生活状况和精神面貌。
I267/764	《那时那人那事——名人记忆中的大学生活》	王坤庆,吴俊文	本书收录了 40 余位知名人士讲述的他们的大学生活,生动地再现了不同时代的大学生关于信仰、理想、青春、感情、友谊等的思考与追求。没有粉饰、没有说教,每一位作者都用最诚挚的笔墨还原了一段真实而值得回忆的大学时光。

第十二讲 让身心灵书籍做你的保健医生

表 12-5 开列的书目则是希望能够对同学们的择业有所帮助。

表 12-5　为"阅读助推就业，资源点亮职场"推荐书目

索书号	书名	作者	推荐理由
C913.2/81	《7步，做好面试准备》	权锡哲	从了解自己、分析企业、解读职位、改进简历、了解求职渠道、准备面试问题、熟悉面试礼仪共7个方面详叙述了面试所要做的各项准备，让求职者在面试之前做到"一切准备就绪"。
C913.2/177	《青年创业课堂》	中央电视台财经频道	全书充满了自信自强的励志色彩，在坚定创业者信心、提高创业者能力的同时，注重推广优秀创业模式及社会各界扶持模式，并推动创业教育的发展，从而为青年创业提供一部内容翔实、基调向上的辅助教程。
C913.2/185	《毕业就该懂的事》	薛莉	本书是写给初入职场的人的实用书，讲述了选择大城市还是小城市、体制内还是体制外、追求稳定安逸还是跳槽转行等问题。早一点懂职场和人生，少来一点迂回和弯路。早懂五年，35岁以前可以走得更远。
F272.92-49/13	《你靠什么打动世界》	乔林	比尔·盖茨根据自己创业过程中与最好、最杰出的员工相处的经验，归纳出一个优秀员工所应该具备的特征，如：拥有明确的职业目标、积极的心态和火热的激情，善于动脑思考和高效行动等。
C913.2/87	《面试中的心理学》	刘青	从对各种面试心理的分析入手，将心理学知识灵活运用到面试的全过程，帮助求职者了解面试方的用人心理，以成熟的心态应对面试，同时列出了很多面试技巧和面试注意事项，让求职者在面试之前真正做到"一切准备就绪"。

第三节 总结与启示

大学生面临着一系列重大的人生课题，如大学生活的适应、专业知识的学习、交友恋爱、择业求职等。他们常常体验着理想与现实的矛盾冲突，但身心发展尚未完全成熟，自我调控能力弱，复杂的自身和社会问题易导致强烈的心理冲突，从而产生压力和焦虑。

南京理工大学图书馆根据大学生交际困难、就业压力大、性困惑、恋爱苦恼、自卑、孤独、焦虑、抑郁、厌学、当众讲话紧张等常见心理困扰，有针对性地指导大学生阅读，有的放矢地举办各种聚会或进行专题研究。通过阅读身心灵类书籍，大学生可释放心理压力。而拥有共同语言、志趣爱好相同的同学通过以书交友的平台相聚在一起，这样集体性的活动使得大学生能放松身心、广交好友，有利于治疗心理抑郁，从而保持身心灵健康。

通过几年的实践，南京理工大学图书馆在身心灵类书籍的阅读推广方面取得了许多成果。我们总结出以下两方面的经验：

一、全方位、多途径开展校园身心灵书籍阅读推广

在组织方面，积极联合校内各个部门与团体，确保推广活动的广泛性和有效性。例如，通过联合校心理健康中心，弥补了图书馆工作人员在心理健康教育与辅导方面的专业知识的不足，以确保大学生在阅读身心灵书籍时得到更加系统、专业的心理引导。另外，联合学生组织（例如大学生读者协会、心理健康教育中心），一方面可以通过与学生的交流来研究大学生的心理动向及阅读偏好，以制订基于大学生需求的阅读推广策略，保障活动的有效性，另一方面，大学生团体拥有诸多成员，这使得活动有了一定的群众基础，并且可以通过学生之间的推荐与讨论，使得活动得到很好的宣传。

在宣传方面，除了上面提及的依靠学生团体的宣传外，图书馆一方面通过传统的张贴海报、在网络平台上发通告等方式进行宣传，另一方面也积极开辟新的宣传模式，例如大学生真人秀，即大学生手持或穿戴印刷有身心灵书籍信

息的彩旗、服饰，对感兴趣的同学讲解活动的内容。这种真人秀的宣传方式吸引了许多同学的注意，使得活动得到了很好的宣传。

在书籍选择方面，图书馆采取以下三个途径来了解信息，进而做下一步选择。首先，许多期刊、网站上有关于身心灵书籍阅读的理论与实践研究的资料，通过对这些资料的整理、分类、归纳、总结有益于大学生的书籍；然后，通过检测这些书籍的借阅量进行进一步的筛选；最后，通过与大学生交流，了解他们的阅读感受，对书籍的受欢迎程度进行排序，作为以后宣传推广的参考。

二、图书馆身心灵书籍阅读推广活动仍需改进

身心灵书籍的阅读推广在我校引起了许多大学生的关注与参与，取得了很好的成果。不过，这些实践活动也存在一些不足和需要改进的方面。首先，图书馆针对身心灵类书籍已经建立了专门的实体书架，应进一步筹划建立专门的阅览室，吸引和容纳更多的大学生。其次，在此基础上，可组织有心理教育、图书导读背景的专业人员在阅览室内值班，对大学生进行阅读引导，实时解答他们的问题。最后，要在全校范围内扩大影响力，使身心灵书籍的阅读推广活动不局限于学生中，也要普及到教师、职工。

思考题

1. 读书会和读书沙龙活动的策划应注意哪几个问题？怎样保证实施的实效性？
2. 身心灵书籍的选择还可以参考哪些信息？请参考教材中提出的方案，结合本馆的资源，建立合适的书籍筛选系统。
3. 主题阅读中推荐的书目一般会围绕一个特定的主题，假如针对"三八"妇女节开展主题阅读活动，请拟一个阅读推广的主题，并说明原因。

延伸阅读书目

[1] 宫梅玲，邹立森 . 开办书疗小屋探索网络阅疗 [J]. 图书馆杂志，2007（6）.

[2] 宋广翠 . 在阅读中寻找自我成长心灵 [J]. 黑河学刊，2010（1）.

[3] 谭修文 . 书目治疗法之探讨 [J]. 图书与资讯学刊，1994（9）:16.

[4] 朱峡 . 身心灵疗愈的自我体会 [J]. 东方教育，2014（6）.

[5] 徐敬琪 . 书籍阳光，照亮心灵 [J]. 上海教育，2006（6）.

后 记

承蒙吴晞、王余光等中国图书馆学会领导的信任和厚爱,委托我们编选中国图书馆学会《阅读推广人系列教材》中的《图书馆时尚阅读推广》分册。我们认为,所谓时尚阅读推广,并非指的是对包含有服饰、珠宝、化妆、汽车、家具、休闲、旅游、体育、明星、艺术、烟酒、名表、数码产品等时尚内容的书籍的推广,因为根据图书馆的宗旨和任务,集中推广这些书的机会并不多,而应该指的是阅读推广形式的时尚性,也可以说是创新性。在如此理解的基础上,我们根据所掌握的业内信息,很快面向全国物色代表性案例和作者。

经反复斟酌和讨论,确定的章节和分工如下。

导论:图书馆时尚阅读推广概述。由本书主编、北京大学图书馆的王波撰写;总体介绍阅读推广、图书馆阅读推广和图书馆时尚阅读推广的概念和本书的编撰宗旨。

第一讲:"密室逃生"阅读推广。由北京大学图书馆的赵飞、刘素清、李晓东、游越、艾春艳撰写。

第二讲:"鲜悦"(Living Library):以人为书,分享智慧。由上海交通大学图书馆的徐炜、陈晶晶、李武撰写。

第三讲:阅读·融入生活——杭州图书馆"阅读疗愈"项目。由杭州图书馆的周宇麟、何妨、邵春骁、聂凌睿撰写。

第四讲:"一校一书"阅读推广。由湖南大学图书馆的陈有志、赵研科撰写。

第五讲:摄影展和年度好书推荐相结合的阅读推广。由北京大学图书馆的刘雅琼、肖珑、张海舰、张春红、刘彦丽、唐勇、张丽静撰写。

第六讲：读书·阅人——"真人图书馆"阅读推广。由浙江师范大学图书馆的胡益芳撰写。

第七讲："书脸"阅读推广。由北京大学图书馆的唐勇、张春红、肖珑、刘雅琼、郭超、庄昕撰写。

第八讲：读书达人秀。由郑州大学图书馆的曹炳霞撰写。

第九讲：香氛、手作书籍与时尚阅读。由北京大学信息管理系的江少莉撰写。

第十讲：书模表演——视听文化结合的阅读推广。由南阳师范学院图书馆的王莫离撰写。

第十一讲：以书为媒，读去心病——泰山医学院的阅读疗法实践与进展。由泰山医学院图书馆的宫梅玲、高倩云、冀宝苹撰写。

第十二讲：让身心灵书籍做你的保健医生。由南京理工大学图书馆的段梅撰写。

章节和分工确定后，由王波负责约稿，由许欢负责收稿、编校和统稿。由于每个案例都因其创造性、代表性而曾受到业内好评，个个都配得上"时尚"之名，加上撰写者都是案例的组织者，所以各章对案例的流程都写得特别详尽，而且配上了很多精美的图片，可谓图文并茂、生动晓畅，具有很强的示范性、指导性、实战性，非常适合用于对阅读推广人的培训。关于如何认识、学习、超越这些案例，王波在导论中也提出了不少建议，供大家参考。

当然本书也有不足，比如因为主编王波、副主编许欢皆来自北京大学，视野有限加上时间仓促，导致遴选的案例多来自高校图书馆，尤其是来自北京大学的多，来自公共图书馆的偏少。好在《阅读推广人系列教材》是一套丛书，很多来自公共图书馆的精彩案例散见于其他分册，也很有创意，称得上时尚，可以弥补本书的遗珠之憾。时尚是不断再生的，也是周期性轮回的，我们认为《阅读推广人系列教材》的"时尚"分册应该定期续编；如果再有主编的机会，我

后　记

们将克服这次的不足，更好地注意各类型图书馆精彩案例的比例搭配。

其他瑕疵恐亦难避免，敬请图书馆界同人批评指正。

最后再次感谢中国图书馆学会的信任，感谢相关领导的厚爱，感谢朝华出版社对本书的支持。

王　波　许　欢
2015 年 8 月 10 日